「普通」につけるくすり

岸見一郎

SUNMARK PUBLISHING

「馬鹿につける薬はない」という言葉がありますが、「普通につける薬」はあるのでしょうか？

本書は「自分は思っていたより普通かもしれない」「特別でないとしたら受け入れがたい」——そんな不安を覚えた、ある青年から寄せられた悩みと向き合う中で生まれました。

学業や仕事で「できる人間」だと思っていたのに、そうでないかもしれない。

ナンバーワンにも、オンリーワンにもなれないのではないか。

そんな不安を持つ人に向けて書いたのが、本書『「普通」につけるくすり』です。

本書で示すのは、「他者と競わず、幸福に生きる方法」についてです。
「特別でなければいけない」という不安の根底には、常に他者との比較があります。すべてを他者との勝負と捉え、百戦百勝でないと気が休まらない――しかし、そのような「特別」や「勝ち」を意識した生き方は、四六時中「緊張した生き方」になってしまいます。

では、どうすれば、他者との比較から自由になり、自信を持ち、幸福に生きることができるのか。
本書では**「特別になろうとしないが、同じでもない」生き方**を探っていきます。

人生から緊張を手放す思索を、ともに始めましょう。

はじめに　自分が特別だと思っていた人へ

学生時代は成績がよく、社会人になってからも一定の成果を出し、周囲から一目置かれてきた人でも、「これからも仕事でいい結果を出し続けることができるのだろうか」と、ふと不安になることがあるかもしれません。

すでに、自分は他の人よりも優秀だと思っていたのに、そうではないかもしれないという経験をした人もいるかもしれません。今は自分が優秀であることを確信しているけれども、自分よりも有能なライバルが現れ、自分の優位が脅かされるかもしれないと思う人もいるでしょう。

自分は特別だと思っていた人にとって、普通であることは受け入れがたいことであるに違いありません。しかし、なぜ特別でなければならないのでしょうか。なぜ普通であってはいけないのでしょうか。本書は、いつも自分は特別でなければならないと思っている人のために書きました。

この本を読めば、自分は普通かもしれないと不安になったり、現にそう思ったりした人が、「特別でありたい」「普通でありたくない」と思わなくなり、緊張した生き方を手放せるようになります。

ただし、即効性はないとあらかじめ断っておかなければなりません。これまでとは違う人生を生きようと決心することには勇気が必要だからです。

長年他の人と競争しながら生きてきた人にとっては、「普通であってはいけない」「特別でなければならない」という考えを手放したら、これから先どんな人生になるかイメージすることは難しいかもしれません。

反対に、特別であろうとするのをやめる決心を速やかにできれば、これまでなぜ大変な思いをして生きてきたのだろうと、まるで憑き物が落ちたかのように穏やかな人生を送れるようになるでしょう。肩の力を抜いて生きることができ、その上、仕事では今までよりも力を発揮できるようになるでしょう。

このようになるために、私は本書で一切の競争から降りることを勧めています。これを聞いただけで、「競争しないで生きることはできない」と思う人はいるでしょう。自分だけ競争から降りても、他の人は競争するのであればそんなことはできないと。

しかし、競争に勝ち続けることは誰にもできません。「私だけは競争に負けることはない」という自信を持ってきた人でも、その自信を揺るがすことになるような経験を避けることはできません。

子どもの頃から競争に勝ち、いい成績を収めてきた人が、自分は普通かもしれないと思ったとき、そのことを受け入れるのは難しいはずです。「普通を受け入れるということは、自分が平凡だと認めるようなものではないか」と。

でも、私は違うと思います。

普通であればいいと聞いても受け入れることができないのは、そう聞いたときに一般的に理解される「普通である」という言葉の意味と、私の言う「普通」の意味が同じではないからです。

競争に勝ってきた人が理解する「普通」が「皆と同じである」という意味であれば、「普通」でありたくないと思うでしょう。やがて見るように、皆と同じであってはならないと私は考えるのですが、**皆と同じでないために特別にならなくていい**と私は言いたいのです。

特別でなくてもいいが、同じであってはいけない——。特別であろうとすることがどういう意味か、なぜ特別でなければならないと考えてしまうのかというところから、話を始めます。

特別である必要はまったくなく、むしろ、特別であろうとすることが人生を生きづらいものにすると私は考えています。

子どもの頃からずっと優秀でこれまで競争に一度も負けたことはなく、これからの人生においても成功するだろうと確信している人であっても、何か自信を失うような経験をした、もしくは失いかけているのであれば、その経験が人生を変えるきっかけになるでしょう。

一度も自分が優秀であることを疑ったことがない人は、「自分は普通かもしれない」と不安になったことがないかもしれません。しかし、普通であることを受け入れることは、これからの人生を重い荷物を担いで生きないための第一歩です。

本書を読んでも、自分は特別なのだと自信を取り戻すことはできません。特別であろうと思っている限り、真の自信を持てるようにはなりません。

普通であるとは、特別である必要がないと受け入れることです。

つまり、**「ありのままで、他の人と違って生きられる」**ということで、自分をよく見せたり、競争に勝ったりしなければならないというプレッシャーから解放され、自分本来の力を発揮して生きられるということです。

本書を読み終える頃には、力を抜いてリラックスして生きようと思えるようになることを願って、書き始めます。

目次

第三章 普通であることの意味

第四章　劣等感の克服

第五章　自信を持って仕事に取り組む

第七章　自分の人生を生きる

ブックデザイン　轡田昭彦＋坪井朋子
校正　株式会社鷗来堂
編集　梅田直希（サンマーク出版）

第一章

なぜ特別でなければならないと思うようになったのか

人と比べたところで「誤解」である

自分は案外普通かもしれないと思ったことがある人は、そう思う前は自分は他の人と違って特別だと思っていたはずです。子どもの頃から成績がよく、自分が優秀であることを疑っていなかった人であれば、「普通かもしれない」と思う経験をするとしても、ずっと後のことかもしれません。

このような経験はできるものならしたくありませんが、そう思っていても、入学試験で思いがけずいい成績を取れなかったり、志望していた高校や大学に入れなかったりして自信を失うことは残念ながらあります。

今の時代は、それよりも前に、たとえば、中高一貫校に入れないという経験をすることもあります。たとえ試験に首尾よく受かっても、周りの同級生も皆優秀なので、それまでのようないい成績を取れなくなって、自分は優秀だと思い、周りの人からもそう言われていた人でも自信を失うことはありえます。

私は大学でギリシア語を教えていたことがあります。紀元前五世紀頃アテナイでプラトンやアリストテレスが話していた言語です。受講する学生は皆優秀で、英語、ドイツ語、フランス語などの近代語を自在に読め、なかにはラテン語まで読める学生もいました。

それまで語学に限らず、問題が難しくて答えがわからないというような経験をしたことがなかったであろうある優秀な学生が、教科書の練習問題にあるギリシア語が読めず、うつむいてギリシア語を日本語に訳すのを拒んだことがありました。そのとき、その学生は初めて「自分は普通かもしれない」と思ったことでしょう。

私がギリシア語を教えるようになったのは、西洋哲学史を専攻していたからです。研究室に入ったとき、私はそれまでギリシア語をよく読めると思っていましたが、ギリシア語を近代語のように難なく読める先輩を見て驚いたことがあります。後から研究室に入ってきた後輩たちも、すぐにギリシア語を読めるようになり、議論に加わってきました。私は優秀な先輩や後輩を見て、「自分は平凡かもしれない」と思いました。

私の受講生もそれまで外国語は得意だと思っていたのに、ギリシア語が読めず、でも他の学生が正しく読めるのを目の当たりにしたときに、自信を失ったように見えました。

外国語の場合、訳が正しいか間違っているかはその場でわかるので、どれだけ力があるかはすぐに明らかになります。もちろん、外国語で書かれた文献を読めるようになるまでには時間がかかります。そうであれば、いよいよ勉強するしかありません。

新しく学び始めた言語を、それまではさほど苦労しないで習得し「自分はできる」という自信のあった学生が訳せず黙り込んでしまうのを見て私は驚きましたが、私自身も研究室で私よりはるかに優秀な先輩や後輩を見て「自分が思っていたほど優秀ではないかもしれない」と思った経験があるので、学生の気持ちはよくわかりました。

私が学生の頃から研究していた専門分野には世界中に研究者がいるので、研究者として自分が有能であるという自信を持つことは至難の業でした。これはどの分野の研究者でも同じでしょう。相当優秀でなければ頭角を現すことはできません。国内の研究にだけ目を向けていれば「井の中の蛙大海を知らず」となってしまいます。私が学生の頃と違って、今はインターネットで世界中の研究者の業績を目の当たりにする機会は多く、自分は優秀であると思っていても、容易に自信を失うことになります。

また、仕事においても、数字で結果が明らかになることがあります。たとえば、私はいつも本を書いていますが、出版後売れ行きが気になります。結果はすぐにわかるので、どれだけ時間とエネルギーをかけて書いた本でも売れなければ、自分には能力がないと思って落胆することになります。

このように、自分は特別であると思っている人の自信は案外簡単に揺らいでしまいます。しかし、**数字が仕事の価値を明らかにするわけではありません。**価値を量的に測れない仕事はいくらでもあります。勉強にしても、試験でいい成績を取れなかったからといって、能力がないとは限りません。芸術作品であれば、その価値を点数では評価できないと多くの人が思うでしょう。小説などの文学作品も同じです。

中学生の頃、私は隣で描いている同級生の絵を見て、自分は何と絵心がないのだと思ってがっかりし、最初から描き直したことがありました。その絵を完成させたかは覚えていないのですが、同級生の絵を垣間見ただけでそれがいい絵かどうかわかるとは今は思いませんし、同級生と同じような絵を描いたとしても、それは自分の絵とはいえません。

本であれ絵であれ、その価値はすぐにわからないのですから、他の人が創造したものの価値を簡単に判断することはできないはずです。ですから、他の人の仕事を見て、自分は普通かもしれないと思ったとしても、その比較に意味はありません。

たくさん売れることに価値があると考える人は、自分の本や自分が開発した商品があまり売れなかったら、自分の仕事に価値がないと思うかもしれません。しかし、そのような人は、自分でも自分の仕事の価値を正しく認識できていないのです。他の人の仕事も自分の仕事も、量的な、あるいは一般的な基準や指標では測れない固有の価値があると思えないのです。

自分の仕事と他の人の仕事を比べることは、本来できるはずがないのです。

特別であろうとするのをやめた日

私の場合、自分が普通ではないかと思う経験をしたのはかなり早い時期でした。

祖父から「お前は頭がいいから京大へ行け」と折りに触れて言われていたので、私は自分は頭がいいと思い込んでいました。

もっとも、これはまだ小学校に上がる前のことで、京大というところへ行けば、大人たちが賞賛してくれるらしいと漠然と理解していただけで、祖父の言葉の本当の意味をその頃の私がわかっていたとは思いません。

頭がいいと言われても、それがどういうことかわかっていたわけではなく、祖父が私の何を見てそう言ったかもわかりませんでした。当然、小学校に入る前のことだったので、祖父は試験の点数や通知表を見て、そう言ったのではありません。子どもの言葉の発達が早かったりすると、大人は子どもに「この子は頭がいい」と言うことがあるので、祖父も私のそんな一面を見てそう言ったのかもしれません。

そこで、私は子どもの頃から自分は頭がいいと思っていたのですが、小学校に入って初めてもらった通知表を見たら、算数の成績が五段階評価の「三」でした。私はそれを見て、これでは京大へ行けないと思いました。

通知表をもらったのは夏休みに入る前の終業式の日でした。私は家に帰るまで何度もランドセルから通知表を取り出してはため息をつきました。私は、この日、通知表を見て、「自分は特別ではない。普通かもしれない」と思ったのです。

しかし、それでもなお特別であろうとするのをやめることはできませんでした。もともと私は哲学を学んでいましたが、オーストリアの精神科医であるアルフレッド・アドラーの創始した個人心理学（日本では創始者の名を冠してアドラー心理学と呼ぶのが一般的）を知り、以来、アドラー心理学の研究をしています。初めてアドラー心理学について講演を聞いた日が、私の人生の大きな転機となりました。

私はアドラーの弟子のドライカースに師事したオスカー・クリステンセンが来日したときに、大阪に講演を聞きに行きました。講演を聞きたいと思っていましたが、受講料が高かったため、聞きに行けないと主催者に伝えたところ、通訳をすれば受講料はいらないという話になり、講演会に参加できることになりました。しかし、実際には私の先生が通訳を担当し、講演中に私の出番はありませんでした。

居心地の悪い思いをしながら話を聞いていましたが、講演が終わって質疑応答の時間になったとき、私は英語で質問をしました。通訳をする機会がなかったので、せめて質問するときは、英語でしようと思ったのです。ところが、その質問には答えず、クリステンセンは次のような話をし始めました。

「ある日、アドラー心理学と他の心理学をレポート二枚で比較考察せよという課題が出されました。私はその課題について十枚のレポートを書いて提出しました。レポートを提出した次の日、私は先生に呼び出されました」

二枚でいいのに、十枚書く人はどんな人なのだろう。私はクリステンセンの話を聞いて思いました。

クリステンセンはさらに次のように語りました。

「先生は私にたずねました。

『なぜこんなにたくさんのレポートを書いたのかね』

私は答えました。

『比較考察をすることに興味を覚えたからです』

『いや、それは違う。君はただ私に自分を印象づけようとしただけだ。でも、今のままで十分いいのだからこんなことをしなくていいのだ』

私はそれまで他の人と違おうとしていたのですが、このことがあってから、そのようなことはやめて、末子のように生きることを覚えました。

ここでいう末子のように生きるとは、「何でも自分でやり遂げようと思わなくてもいい、必要なときは援助を求めていいと思う」という意味です。

クリステンセンの話は私が質問したこととは関係がないように思え、最初はなぜこんな話を始めたのかわかりませんでした。しかし、すぐにこの話はまさに私に向けられたものであると思い当たりました。

私が英語で質問したのは、私が英語ができるからではなく、講演者のクリステンセンと講演を聞いている他の人に自分が優秀であることを印象づけたかったからなのです。私の英語の能力がgood enough（十分いい）という意味ではなく、クリステンセンは私が他の人と違おうとしているのを見て、そんなことはしなくていいと言いたかったのです。特別であろうとしなくていい、「普通」であっていいという意味です。

この日、私は特別であろうとするのをやめました。

きょうだいと競争して大きくなった

小学生の頃、私は背が低くスポーツも得意ではありませんでした。クラスでは少しも目立ちませんでした。背が低いから認められないのだと思い込んでいた私は、せめて勉強は誰にも負けないでおこうと思いました。クラスの人気者は必ずしも勉強ができるわけではありませんでしたが、私にできることは勉強しかありませんでした。

他の人に負けたくない、他の人に認められたいために勉強するのは、勉強することについての不純な動機であるといわざるを得ません。しかし、当時の私は「特別でなければならない」と強く思っていたのです。

誰もが初めから特別であろうと思うわけではありませんが、子どもの頃に、「自分は特別である」と思うような経験をしたために、その後の人生でも特別であると思うようになることはあります。正確にいえば、そのような経験がきっかけとなって、特別であろうと決心するのです。

そして、この特別であろうとする目標を達成するために、「性格」を選択します。この世界、他の人、自分自身をどう見るかが性格の一つの意味です。この世界は怖いところで、他の人は隙あらば自分を傷つけたり陥れようとしたりする怖い存在だと見ることも性格です。自分自身については能力がないと思う人がいれば、それもその人の性格です。これとは反対に、世界や他の人、自分自身について肯定的な見方をする人もいます。

また、何か問題に直面したときに、それにどう対処するかも性格です。問題への対処の仕方は大体いつも同じです。

アドラーは「ライフスタイル」という言葉を使います。「性格」というと先天的で変えられないと思われがちですが、アドラーは「自分でライフスタイルを決めた」と考えました。なぜ自分で決めたといえるのかといえば、同じ親から生まれ、ほぼ同じ家庭環境で生まれ育ったにもかかわらず、子どもの性格が違うのは、自分で選んだからとしか考えられないからです。

性格は自分で決めたとか選んだなどと言われても、そんな覚えはないと言いたくなるかもしれません。しかし、自分で決めたのであれば、大人になってからでも変えることができます。もしも性格が先天的で変えられないものであれば、教育も矯正もできないことになります。

ただし、たった一度の経験がきっかけで、あるとき、突然ライフスタイルを決めるわけではありません。幼い子どもは何度も選び直すのですが、十歳頃になると、「このライフスタイルで生きていこう」と決め、その後は大きく変えることはありません。

このライフスタイルは自分で選んだとはいえ、何もないところで自由に決めたわけではありません。ライフスタイルを決めるときに影響を与える要因があります。親の価値観や、子どもが生まれ育った文化からの影響もありますが、もっと大きな影響を与えるのが、きょうだい関係です。どんなきょうだい順位に、つまり、第一子、第二子、中間子、末子、また単独子として生まれ育ったかは、ライフスタイルの形成に大きな影響を与えます。

特別であろうとすることも、大人になってからというよりも、子どもの頃から始まるのですが、このように思うきっかけになるのが、「王座からの転落」(dethronement)です。

第一子は弟や妹が生まれる前は、親の注目、関心、愛情を独占することができました。ところが、弟や妹が生まれると、親は前と同じように子どもに接したいと思っても、新たに生まれてきた子どもに時間やエネルギーを割かなければなりません。親が子どもを特別甘やかして育てたというわけでなくても、初めての子どもを必要以上の注目をして育てた場合は、親の態度の変化は第一子には受け入れがたいものになります。

親は第一子の兄や姉に対して、状況が変わったことを理解するよう求めます。しかし、自分が置かれることになった新しい状況を理解できないと、それまで自分が独占していた親の注目、関心、愛情が後から生まれてきた弟や妹に奪われたと感じてしまいます。これが「王座からの転落」です。第一子にとって、弟や妹はライバルになるのです。第二子も、後から弟や妹が生まれると、第一子と同じ経験をすることがあります。

もっとも、同じような状況に置かれた子どもが皆、王座から転落したと思うわけではありません。石は手を離せば必ず落下しますが、きょうだい関係における転落は「心理的下降」（アドラー『子どもの教育』）なので、必ずしも誰にでも起きるわけではありません。実際に転落したのではなく、「下降」した、つまり王座から転落したと思い込む子どもがいるということですが、下降したと思わない子どももいて、彼らは弟や妹の誕生を喜び、親に協力しようとします。

しかし、弟や妹に奪われたと思い、王座から転落したと思った多くの第一子は、王座を取り戻そうとします。そのために、特別であることで親の注意を引こうと思うのです。

そこで、初めは「いい子」になろうとします。「今日からあなたはお兄さん、お姉さんよ」と、自分でできることは自分でするように親から言われた第一子は、以前は親と一緒でなければ寝られなかったのに、一人で寝たり、親の手伝いをしたりして親の期待に応えようとします。こうして、特別よくなろうとする——特別よくならなければ、親に注目されないと思うからです。

親から頼まれたことを首尾よくやり遂げると、親にほめられます。しかし、ほめられた子どもは、ほめられるためにいい子になって特別によくなろうとしますが、いつもほめられるわけではありません。それどころか、親に言われた用事をうまくできなかったり、家事に忙しい親に代わって弟や妹の面倒を見ようとして大泣きさせたりするようなことがあると、「余計なことをするからだ」と叱られます。

親に喜んでもらえると思ってしたことなのに、失敗して叱られる——これが続くと、一転して、いい子であることをやめ、親が困るようなことをし始めます。トイレに失敗したり、夜泣きしたり、おねしょをしたりするというようなことです。以前は自分で何でもできたのに、突然できなくなるのです。

さらに、問題行動を起こすこともあります。赤ちゃん返りと呼ばれることがありますが、そのような行動は、親の注意を引くためです。子どもは親に叱られたくありません。しかし、親に叱られてでも親が困ることを一番困るタイミングで仕掛けることで、親の注意を引こうとします。

親は前のように子どもを愛さなくなったのではなく、ただ弟や妹の世話に手がかかるだけなのですが、第一子はそのことを理解できず、親に叱られると、やはり自分は愛されていないのだと思うようになります。

特別であろうとするのは第一子だけではありません。兄や姉の後に生まれる第二子も同じように特別であろうとすることがあります。第一子はいわばペースメーカーとして前を走っています。第一子のすぐ後を走っていれば、風を真正面から受けないですみます。

第一子にとっては、何もかも初めての経験です。小学校に入るときも、中学校に入るのも初めての経験で、親も試行錯誤します。しかし、第二子以下の子どもは第一子を見て育つので、要領がよく、あまり失敗もしません。弟や妹も第一子と絶え間なく競争し、勝とうとします。ペースメーカーの第一子が少しでも力を落としたのを見てとると、すかさず追い抜いてしまいます。

第二子は他のきょうだいがリーダーシップを取るのを甘んじて受け入れないことがあります。打ち倒せない権力はないと考え、権威に服従しようとしないのです。特に、自分は親の権威の代表者であると考えている第一子に対しては、決して負けてはいけないと考えます。

第二子の後に弟や妹が生まれると、第二子は「中間子」になり、弟や妹に圧迫される（squeeze）ような立場になります。中間子は、生まれたときすでに兄や姉がいるため、第一子のように親の注目、関心、愛情を一身に受けることができません。さらに、弟や妹が生まれると、親の関心はそちらに向かうので、第一子と同様、親の注目、関心を奪われたと感じます。実際にそうなるわけではなく、子どもがそう思い込むのです。

中間子はきょうだいの中で一番注目されにくいので、親に注目されるために問題行動を起こすことがありますが、他方、他のどのきょうだいよりも早く自立することもあります。親を当てにしてはいけないと早くから悟るからです。そこで、きょうだいの中で一番早く進学や就職のために家から出ていくことがあります。

末子は、王座から転落することはありません。一番甘やかされ、いわば「永遠の赤ちゃん」のような存在です。兄や姉がある年齢でできたことを末子がその年齢になってできなくても、親はそれほど気にしません。

そのため、末子は依存的になり、本来、自分でやり遂げなければならないことも親に頼ってしまうことがありますが、他のきょうだいから大いに刺激されるので、末子は他のきょうだいよりも早く成長し、兄や姉に優ることもあります。しかし、自分は優秀であると思うことに問題がないわけではありません。自分より力も経験もある兄や姉よりも劣っていることを認めたくないので、優秀であろう、つまり特別であろうと思うようになることがあるからです。

このように、どのきょうだい順位に生まれた子どもも、親の注目を得るために特別であろうとします。「特別でなければ注目されない」と考えるからですが、注目されなければならないと思うのは当然のことではありません。親に注目されようと思わない子どももいますし、大人になってからも仕事は頑張るけれども、それを他人に認められようと思わない人もいます。そのような人は、注目されることに価値を見出さず、むしろ、注目されなくても自分の行為そのものに価値があると考えるのです。

小学生の頃の私は勉強をして認められたわけではありませんでした。勉強ができるからといって注目されることにはなりませんでしたが、それでも、いい成績を取るようになると、勉強ができるというイメージに自分を合わせ、特別であろうと思うようになりました。

他の人の期待を満たそうとしたからですが、「誰も私が勉強ができることを期待していないのではないか」というようなことは考えていませんでした。

親の対応が子どもを特別であろうとさせた

親から注目されなくなったというのは、あくまで子どもがそう思ったということです。親はどの子どもにも同じように接しようとしているので、前のように私にかまってくれなくなったというようなことを子どもが言うと、親は驚きます。しかし、親も自分の子どもの頃のことを振り返ると、弟や妹が生まれたことで、親からあまり愛されなくなったと感じたことを思い出すかもしれません。

子どもたちは親からの注目、関心、愛情を得るために競争します。この競争に勝つためには、特別でなければならないと思います。たとえば、勉強であれば、いい成績を取らなければならないと思います。

しかし、競争はどこにでも見られるからといって、それが当然かといえばそうではありません。競争に勝っても、ずっと勝ち続けることは難しく、勝者もいつ負けるかと戦々恐々としています。ライフスタイルを決めるときに影響を与える要因として、生まれ育った文化を先にあげましたが、もしも競争することが当然とされない社会であれば、特別であろうと思わなかったかもしれません。

きょうだい順位によって、他のきょうだいと競争することがあることを見ましたが、親の子どもへの接し方も、子どもの競争を助長します。親が子どもを育てるときにほめたり叱ったりすることです。

親は子どもが問題行動をすれば叱りますが、問題行動をしない、親が気に入ることをする子どもはほめます。そうすると、ほめられる子どもとそうでない子ども、叱られてばかりいる子どもと叱られない子どもが出てきます。どの子どもも親にほめられたいと思うでしょうが、いつも親にほめられるような行動ばかりはできません。親からほめられなくなった子どもは、先にも見た通り叱られてでも注目されようとします。

たとえば、絵を描くことは楽しく、本来それだけで満足できるはずですが、ほめられたい子どもは描いた絵を親に見せに行きます。親は子どもが見せた絵に対して面と向かって「下手だ」とは言わないでしょうが、期待していたような評価を親から得られずがっかりした子どもが、時間をかけて描いた絵でも、くしゃくしゃと丸めて捨ててしまうことはあります。

そのような子どもは絵を描きたいから描いたのではなく、ほめられるために描いたので、ほめられなければ絵を描く意味はなくなるのです。

ほめることは子育てや教育で有用だと考える人は多いですが、ほめることの弊害を知っておかなければなりません。親に注目されるために勉強するのも、親を困らせるために勉強しなかったり、他の問題行動をとったりするのも、どちらも親に注目され特別であろうとしてすることです。

アドラーはほめることについて、次のように言います。

「支持され、ほめられている間は、前に進むことができた。しかし、自分で努力する時がやってくると、勇気は衰え、退却する」（『人生の意味の心理学』）

アドラーは時にほめることが望ましいと読めるような書き方をすることがあるのですが、ここではほめることの弊害についてはっきりと書いています。子どもは「支持され、ほめられている間」は前に進むが、「自分で努力する時」になると、勇気を失い、退却することがあるのです。

他のきょうだいとの競争に勝ち、親に注目されるために特別でなければならないと思いながら育った子どもは、やがて他の人に認められるために勉強し、仕事をするようになります。

ほめて伸ばすという人もいますが、上司が部下をほめる場合も、同様の問題が生じます。ほめられたら意欲的に働くけれども、ほめられないときには、意欲的に仕事をしなくなるのです。

親の価値観の影響

家族で大切にされている価値観が子どもの人生に影響を与えることがあります。それを受け入れるか、もしくは反発しなければならないほど親の価値観が強力になると、ライフスタイルを決めるときに大きな影響を与えます。

とりわけ、学歴についての親の価値観は子どものその後の人生に影響を及ぼします。父親も母親も学歴は大事だと考えているか、一方だけがそう考えていて絶えず両親が議論するような場合は、学歴についての親の価値観は強力なものになります。

親が学歴が大切だと考えていると、成績がよくない子どもを叱ったり、叱らなくても、不機嫌になったりします。反対に、いい成績を取るとほめます。すると、親にほめられたい子どもは、親を喜ばせるために一生懸命勉強し、いい成績を取ろうとします。そうすることで、親にとって特別の存在であろうとするのです。

親が高学歴であれば、子どもも親と同じように高学歴を目指すことが多いですが、なかには大学や高校に進学しないで卒業後すぐに働くと言い出す子どももいます。このとき、多くの親は反対します。高校や大学に行かず、自分が生きてきた人生とはまったく違う道を子どもが生きようとすると、親は不安でたまらなくなるのです。

子どもが親に反発するために親とは違う人生を生きる決心をしたとしても、それは結局は親の価値観に囚われていることになります。どんな人生を生きるかは、親の価値観とは関係なしに、自分で決めなければならないのであって、親に反発するために決めるのであれば、自分の人生を生きることにはなりません。

他方、あまり深く考えずに親の価値観に従って人生を選んだ子どもは、そうすることで、親に認められ他のきょうだいとの競争にも勝って特別になろうとしています。しかし、これも親の価値観に影響されて選んだのであり、自分で決めたのではありません。

そのような子どもは、世の多くの人と同じような人生を生きようとします。親を喜ばせたいからだけでなく、親が認める人生、つまり多くの場合、一般的な人生とは大きく違う人生を生きることが怖いからです。

後の人生への影響

こうして、他のきょうだいと競争し、親の価値観に影響されて特別でなければならないと考えて育った子どもは、学校に入ってからも、社会に出てからも、同じことを相手を替えてするようになります。

成長するにつれて、特別であろうとするときに他の人からどう見られているかを意識し、周囲が自分に対して抱くであろうイメージに自分を合わせるようになります。学校では、勉強ができる、スポーツが得意である、また人気者であるというキャラクターを演じることで自分の得意性（特異性）を守ろうとします。

これが大人になってからも、「特別でなければならない」という意識につながっていくのです。

第二章

特別でありたい人の脆い優越感

過度に緊張する人

一生懸命勉強していい成績を取り、志望する大学にも首尾よく合格し、順風満帆な人生を送っているように見える人でも、ずっと優秀であり続けることはできません。

たしかに、仕事でいい結果を出し続ける人もいますが、そのような人でも揺るぎない自信を持っているかといえば、そうとはいえないでしょう。もっとも、自信があるように見える人に、「本当はいつまでも優秀であり続けることはできないと思っているのではないか」とたずねても、言下に否定するでしょうが。すでに自信が揺らぐような経験をした人は、その経験はこれからの人生をこれまでとは違ったふうに生きるための好機と考えてほしいです。特別でなければならないという思い込みから解放されるだけで人生は変わります。しかし、これまでの人生で自分にとって当たり前と思っていた考えを改めるのは容易ではありません。

これからも勉強も仕事も頑張らなければなりません。努力をしなくてもいいというようなことを私は言いません。ただし、努力するときに必要なエネルギーを無駄なこと、つまり特別であろうとすることに向けるのをやめなければなりません。

アドラーは、しばしば**「過度に緊張する人」**の症例を著作の中で引いています。過度に緊張する人とは、ここまで見てきた特別でなければならないと思う人です。

ある不眠を訴える男性は子どもの頃は誰からもかまわれなかったのですが、

あるとき、担任の先生が休んだときにやってきた代理の先生が、彼に可能性を見出し、勇気づけました（『個人心理学講義』）。その先生は「あなたはできる」というようなことを言ったのでしょう。そのときから、たちまちいい成績を取れるようになりました。しかし、自分が優れていると本当には信じられず、いつも後ろから押されている気がして、一日中、夜も遅くまで勉強しました。その結果、大人になってからも、何かを成し遂げるためにはほとんど一晩中起きていなければならないと考えるようになりました。

このような人はいつも過度に緊張しており、自分が成功することに疑いを持っているとアドラーは言います。

特別であろうとする人は、この男性のように自分が本当に優れているとは思えず、いい成績を取り続けるために過度に緊張しているように見えます。

私は学生のとき一生懸命勉強しましたが、自分が本当に優れているとは思えませんでした。学業を終えてからも、ずっとその思いに囚われていました。そこで、私には何でも学べばいい成績を取れるような才能はないが、努力するのも才能だといつも自分に言い聞かせていました。

たしかに、何を成し遂げるのにも努力は必要です。実際に私は、人一倍努力してきましたが、アドラーの言う「過度に緊張する人」だったようにも思います。

アドラーは、疲れやすく、頭痛を訴える九歳の少女のケースも紹介しています。彼女は喜んで学校に通い、必要以上に勉強しましたが、これはある自信のなさを表しているとアドラーは言います。

「何か大きなことをしたいのだが、無理な努力をした時にだけそうすることができると信じているのである」(『教育困難な子どもたち』)

他者の期待に応えるために努力をする人

この少女が過度の努力をするのは、自信がないからだけではありません。この少女にとって、より重要なことは別にあります。

「特に教師を喜ばすために、彼女は過度の努力をする」（前掲書）

先に見た不眠を訴える男性も、努力したのでいい成績を取れるようになりましたが、一生懸命勉強するようになったのは、彼の才能を認めた教師を喜ばせたいという思いもあったのでしょう。ここで「特に教師を喜ばす」と書いてあることからわかるように、教師だけでなく、親も喜ばせたい、かけられた期待を裏切りたくないと思ったはずです。

「いつも期待されているという重圧を担い、常に前へと押し出され、あまりに自分自身のことに関心を持っている」（『個人心理学講義』）

この重圧は、**「優れていることを装っているに過ぎない優越コンプレックス」**（前掲書）を覆い隠すために感じるのです。

優越コンプレックスとは、自分が優れていることを誇示することです。優越コンプレックスがある人は実際よりも自分をよく見せようとします。なぜそうするのかといえば、本当は優れているわけではないと心のどこかで勘づいているからです。優越コンプレックスは劣等感が根底にあります。これが「優れていることを装っている」ということの意味です。

ここでは過剰な緊張のもう一つの問題が指摘されています。それは、期待されているという重圧を担っている人は、実は「自分が他の人にどう思われるか」ということを気にかけているという点です。

たとえば、国家を背負って戦わなければならないと思うオリンピック選手が期待の重圧のために実力を発揮できないことがあります。家族や関係者、ファンはメダルを取ってほしいと期待しますが、期待に応え喜ばせなければならないと強く思い詰め、結果を出せなかったときに国民に合わせる顔がないと感じる人もいます。

アドラーはそのような「期待されているという重圧」（前掲書）を担っている人は、実は自分にしか関心がないと言っています。自分がどう思われているかにばかり注意が向いているからです。

「多くのことを期待された子どもたちが、勉強や仕事で失敗し始め、他方、以前はあまり才能がないと思えた子どもたちが追いつき、思いもよらない能力を表し始める」（『人生の意味の心理学』）

これは、期待に応えようとするあまり、力を発揮できなくなる事態を表していいます。金メダル候補が思いがけず初戦で敗退し、まったく期待されていなかった選手が好成績を収めるというようなことです。失敗するのは課題が難しいからではなく、実力が十分あっても、期待に応えようとするあまりうまくいかないこともあります。

「自分の力を試してみても、深淵の前に立っているように感じ、ショックの作用――自分に価値がないことがあらわになる恐れ――で退却し始める」（『生きる意味を求めて』）

課題を解決する力が十分にないというだけなら、もっと勉強すれば、スポーツ選手であればもっと練習すればいい結果を出せるはずですが、「自分に価値がないことがあらわになる」ことを恐れると退却し始めるとアドラーは言います。

アドラーがここで使っている「価値」という言葉には説明が必要です。アドラーは次のように言っています。

「自分に価値があると思えるときにだけ、勇気を持てる」（*Adler Speaks*）

勉強や仕事の場合は、この「価値がある」というのは「能力がある」ということですが、自分にかけられている（と思う）期待も含まれます。

「担ってきた期待を裏切ることになるのではないかと心配になるのである」

(『人生の意味の心理学』)

優越コンプレックスを抱き、「他の人にどう映るか」に気を取られている人は、親や教師が期待していると思い、その期待に応えなければならないと思います。いい成績が取れなかったとき、あるいは取れそうにないとき、それでもなお認められたいという思いが強いと、不正を行うことも厭《いと》わなくなります。

大学で教えている優秀な人が論文を盗用するというようなことが起きるのは、優秀でなければ、他の人の期待に応えられないと思うからですが、本当は期待などされていないかもしれません。

特別であろうとする人の劣等感

子どもの頃に他の人の期待を満たそうと努力した子どもは、大人になってからも、子どものときと同じように過度な努力をし、そのため緊張します。

「そのような人の過度の緊張は、自分が成功することに疑いを持っていることの表れであり、その疑いは、実際には、優れていることを装っているに過ぎない優越コンプレックスによって覆い隠されることになる」（『個人心理学講義』）

これだけ頑張っているのだから自分は優秀なはずだと思いたいのです。なぜ

「優れていることを装っている」のかといえば、先にも見たように本当は自分は優れていないと思っているからです。優越コンプレックスは劣等感の裏返しなのです。アドラーは次のように言っています。

「あたかも、自分を実際よりも大きく見せるために、爪先で立ち、そして、この簡単な方法で、成功と優越性を得ようとしているかのようである」（前掲書）

アドラーは、自分を大きく見せれば簡単に優れた人になれると言っているのではありません。自分を大きく見せたら簡単に「成功と優越性」を得られると思っている人がいると言っているのです。

しかし、**爪先で立って大きく見せても、本当に優れているのでなければ意味はありません。**

挫折する特別な人

アドラーは「高い目的」へと運命づけられていると思った人の事例をあげています（『個人心理学講義』）。「高い目的」へと運命づけられていると思うというのは、少し大仰な言い方ですが、自分は他の人と違って何か偉大なことを成し遂げる特別な存在だと思うということです。

あるとき、ある男性がウィーンの劇場に行こうとしていました。ところが、たまたまその前に別の用事ができ、そちらに立ち寄ることになりました。その用事をすませようやく劇場に着くと、その劇場は焼け落ちていたのです。

何もかもなくなったのに自分は助かった。このような経験をした人が、自分は特別だと思うようになることは、容易に起こります。

問題は、そのような人が後の人生において、特別な体験（だと本人には思えた）から抱いた予感と期待を裏切るような経験をすることです。この人は、妻との関係が破綻したとき、挫折しました。勇気をくじかれ重要な支えを失って、うつ状態になることもあります。

こうした対人関係での挫折に限らず、自分が特別であると思い込んでいた人が、一度でも仕事で躓《つまず》くと立ち直れなくなることがあります。

自分が特別であると思っている人の自信は脆いものなのです。

特別と思われたいのに何もしない人

アドラーは、優越感を持つ人について、次のように言います。

「何でも成し遂げることができると感じるという優越感を持つ人がいる。そのような人は、何でも知っており、何も学びたくないと思っている。このような考えがどんな結果をもたらすかは明らかである。このように感じている子どもは、大抵学校では成績が悪いのである」（『個人心理学講義』）

アドラーは「誰でも何でも成し遂げることができる」（前掲書）と言ってい

ます。このことについては、後で取り上げますが、今指摘しておきたいのは、ここでアドラーが問題にしているのは、優越感を持っている人がどんなことでも成し遂げられると「感じる」ことです。そのような人は、やればできると感じているけれども、しかし、実際には何もしないのです。

やればできると思っている人ほど何もしません。何でも知っていると思っている人は、何も学ぼうとしません。今のままで優秀だと思っているので、「学ぶ」のは無知な人がすることだと思ってしまうのです。

大学で身につけた知識はまったく役に立たないと言う人もいますが、すぐにそのまま役立たないとしても、レポートや論文を書くときに身につけた研究方法や書く技術は、就職してからも有用です。それでも、学生のときに身につけた知識だけでは対処できない事態が起きるので、不断に学び続けなければなりませんが、優越感のある人は新しいことを学ぼうとしません。

そうしないのは、それまで知らなかったことを学んで仕事に取り組んだときに、望む結果を出せないという事態を避けたいからです。

何でも知っているので何も学びたくないのではなく、**新しいことに挑戦し望む結果を出せないという事態を回避するために、優秀であることを理由にして、何も学ぼうとしないのです。**

第三章

普通であることの意味

特別でなくてもいい

ここまで読んで、特別でなければならないと思って生きてきたことに思い当たったかもしれません。ただ勤勉だったのではなく、他の人からどう思われるかを気にし、期待に応えるために、自分を実際よりも大きく見せようと思って生きてきた――そうであれば、そのようなことをしないで、ただ普通であればいいのです。

普通であるとは、他の人からどう思われるかを気にせず、実際よりも大きく見せようとしないということです。実際よりも自分を大きく見せないというと、すでに他の人からどう見られるかということが前提になっていますが、ただ自分自身の問題として、ありのままの自分を受け入れればいいのです。

普通という言葉を聞くと、人の序列の中での真ん中という意味で捉えたり、他の人と同じであると捉えたりして他の人と関係づけて考えてしまい、「普通であればいいと認めることは負けること」だと思うかもしれませんが、他の人のことは問題にしていません。

誰かの注目、関心、愛情を自分に向けるために、ほめられようとしなくても、反対に、問題行動をすることで注意を引こうとしなくてもいい。特別よくなろうとしなくても、反対に特別に悪くなろうと思わなくてもいい。勉強も仕事も認められるために、特別であろうとしなくても、普通にしていればいいと私は言いたいのです。

実際よりも自分をよく見せようとするのは虚栄心です。何でも知っているように虚勢を張る人よりは、知らないことがあっても、そのような自分を受け入れ普通にしているほうが、勉強でも仕事でも認められます。

これまでの人生で特別であろうとしてきた人は、普通という言葉を聞くと、抵抗することが多いです。

これまで「特別でなければならない」と思い、他の人と競争してきた人は、皆と同じであってはいけないと思ってきたはずです。そのため、「普通」という言葉を聞くと、普通であるとは皆と同じであることであり、皆と同じであることは他の人との競争から降りること、さらには負けたように感じてしまうのです。

本章では、私の言う「特別でなくてもいいが、同じであってはいけない」という観点から普通であるとはどういうことかを考え、その思い込みや呪縛を解きほぐしていきます。

普通であるとは皆と同じという意味ではない

普通であるというのは、皆と同じであるという意味ではありません。それに、皆と同じでないために特別になる必要もありません。

普通であるということが皆と同じであるという意味であれば、皆と同じであってはいけません。たとえば、就職活動では、周囲と同じリクルートスーツを着て臨むのが一般的ですが、重要なのは外見の「同調」ではなく、自分自身の考えや価値観を伝えることです。

その際、他の人よりも優れていることを無理にアピールしなくても、自分の経験や思いを等身大で語ることが、自然に個性として伝わります。

採用されるために特別であろうとするのではなく、自分がその会社にどのように貢献できるかや、どのような価値観で働きたいかを素直に伝えればいいのです。

就職活動は競争の場に見えますが、実際には、会社と自分が相互に合うかどうかを確認する場です。もちろん、企業と合わないことが明らかになる場合もありますが、無理に目立とうとしなくても、自然体で臨めば、個性的な存在として受け入れられる可能性が高まります。

特別でなければならないという思い込みを手放し、無理に差別化を意識せず、ありのままの自分で挑む。これこそが普通であるということです。

皆と同じであってはいけない

就職活動のときに特別であろうとする人には、根深い「他者の目への意識」が存在しています。そんな人は採用後、本当に必要な場面で、自分の考えを主張しなくなります。いわゆる「同調圧力」を感じ、周囲と同じように考え、行動しなければならないという圧力から、自分に蓋をし主張しなくなるのです。

高校生のとき、私は授業中によく先生に質問をしていましたが、終業の時間が迫っていると、質問をすることは他の同級生に歓迎されませんでした。休み時間が短くなるからです。しかし、質問するのはわからないからであり、先生が質問に丁寧に答えるのは教育的に当然のことです。それでも、「もう質問するのはやめておけ」という同級生の圧力をひしひしと感じました。

社会に出てからも同じことが起こります。上司がしていることや、会社がしていることがおかしいと思っても、誰も何も言わなければ波風は立ちません。しかし、その結果、社員が不利益を被ったり、会社は儲かっても社会的に有害な仕事をしたりしてしまっていることがあります。上司が不正を働いていることもあるかもしれません。実際、そんなことは許されないだろうと思うようなことは、働いているといくらでも目につきます。

それでも、皆と違うことをして目立つことを恐れ、会社から目をつけられたくないという理由で何も言おうとしない人はいます。内部告発をして不利益を被った人を見ると、ますます声をあげるのが怖くなるでしょう。

目立たないために何もしないのではなく、皆と同じことをしなければならないこともあります。飲み会や何かのイベントに参加するよう上司から言われたときに、皆が参加しているのに自分だけが断ると目立つと考え、仕方なく従ってしまうことなどです。

黙っていてはいけないと思っているのに同調圧力に屈する人は、それでも自分の考えを持っています。しかし、初めから皆と同じことをしようと決めている人は、上司が言っていることが理不尽だとも思わないかもしれませんし、言うべきなのに言えないというような葛藤も感じないかもしれません。

学生の頃から常にいい成績を収めてきた人であれば、目立ってはいけないのではないかと悩むことはないでしょう。むしろ、自分が有能であることをアピールして頭角を現そうとするかもしれません。そのような人でも、出世するのに不利とわかれば何も言わなくなってしまいます。

哲学者の三木清は、次のように言っています。

「部下を御してゆく手近な道は、彼等に立身出世のイデオロギーを吹き込むことである」（『人生論ノート』）

今の若い人は「立身出世」を願っていないかもしれませんが、生活を人質に取られていると、波風を立てることで職場に居づらくなることを恐れます。上司が自己保身に走る部下を「御する」のは容易なのです。

しかし、上司の発言が理不尽なら、他の人が何も言わなくても、黙っていてはいけません。声をあげれば皆と同じではいられなくなるかもしれませんが、同調圧力に屈することなく、「自分」で何をするべきかを判断でき、必要な行動を起こせることがあなたの人生では大事なのです。

異論を言う人が必要である

組織全体のことを考えても、皆が同じことしかしない、同じことしか考えないような組織、また、人と違ったことを考えることが許されないような組織は発展しません。独創的な仕事が生まれてこないからです。

上司は後進に教える責任がありますが、後進が上司の言うことをそのまま受け入れるだけでは十分ではありません。たとえ上司が優秀であっても、常に正しいことを言うとは限りません。だからこそ、部下も自分で考え、必要があれば質問し意見を伝えられなければなりません。長く行われてきた慣習でも、時代や社会の変化に合わせて改めなければならないことはあります。提案しても受け入れられないことはありますが、それでも誰も自分の考えを主張しなければ組織は変わりません。

自分の考えを主張できないような空気が職場にあると考えている人がいるとすれば、それは自分の考えを主張しないことの理由を職場の空気に求めているだけです。まず、「誰」が言ったかではなく、「何」が言われているか、話の中身だけに注目し、それが正しいかどうかを検討できるようにならなければなりません。

一人でも違うことを始めれば、職場の空気は変わります。そのためには、自分の発言を正しく伝えることだけに集中し、どう思われるかを恐れてはいけません。「自分が」どう思われるかを気にするのではなく、発言内容が吟味されると思えれば、恐れる必要はありません。

発言を批判されるような職場であれば、誰も発言しなくなります。批判するのではなく、発言内容自体について皆で検討する場になれば、意見交換は活発になります。

他の人が発言したときには、発言内容にだけ注目し、同意できないときには、それに代わる自分の考えを主張すればいいのですが、誰の発言かに注目すると、反対意見を述べづらくなります。

具体的にどうすればいいかといえば、たとえば上司に反論するときは、「上司」に反論するのでなく、上司の「発言」に反論しようとしていることを明らかにするために、次のように言うことができます。

まず、発言に対して賛否を明らかにし、その理由を丁寧に説明します。他の人の発言を促すのであれば、「以上の理由から私は反対（もしくは賛成）ですが、皆さんはどうお考えですか」というふうに、最初に主張した人に返さないで、全体に意見を投げかけることが大切です。

次に、自分が優秀であること、特別であることを認められたいと思って発言してはいけません。これは誰が発言しているかに注目させることになります。

自分がどう思われるかではなく、自分が所属する組織よりも大きな共同体のことを考えなければなりません。自分が所属している組織が利益を得ても、地域社会、国家、さらに世界が不利益を被るようなことがあれば、どう思われようとこれでいいのかと問題を提起しないといけないのです。

異論があっても何も言わず、言うべきことがあっても言わないようになれば、組織は閉ざされた共同体になってしまいます。皆と同じにならないために特別である必要はありません。必要なのは、自分の考えを主張できることです。

皆と同じであろうとする人も、特別であろうとする人も、結局のところ自分にしか関心がありません。つまり、人からどう思われるかということばかり考えています。しかし、人からどう思われるかを気にせず、言うべきことを言える人は、他者の評価ではなく、他者そのものに関心を向けているのです。

言うべきことを言えば、他の人からよく思われないかもしれません。しかし、たとえそうなったとしても、自分の考えを主張し間違いを正すことが他の人にとってためになると考えられるのです。

また、特別であろうとする人は他者に認められなければならないと考えますが、**特別であろうと思わなくても、優れた仕事をすれば認められます。**もちろん、時代を先駆けしすぎていて認められないことはありますが、特別であることと、他者に認められることを目標にしてなされた仕事はいい仕事にはなりません。

同じでないために特別である必要はない

他の人と同じではありたくない、他の人よりも優れたいと考える人は、子どもの頃から人と競争して生きてきたので、競争することが当たり前すぎて、競争しないで生きることがどんなことか想像すらできないかもしれません。競争する以上、勝たなければならないと思うと、常に緊張して生きなくてはいけなくなります。

皆と同じでありたくないのはわかりますし、先に見たように皆と同じであってはいけないことはあります。しかし、皆と違うということは特別であるという意味ではありません。

他の人と同じでないために、他の人と違うことや特別であることをことさらアピールする必要はありません。たしかに、仕事で有能であることは必要で、会社は有能な人を採用するでしょうが、目立つ人が必ずしも有能とは限りません。

アドラーは「自分に価値があると思えるときにだけ、勇気を持てる」(*Adler Speaks*)と述べています。仕事においても、自分が有能だと思えれば、仕事に取り組む勇気を持つことができるということです。

有能であるためには、仕事に必要な知識やスキルを身につける必要はあります。しかし、重要なのは本当に有能であることであり、皆と違うこと、特別であることをアピールして自分が有能であると思われようとすることには意味がありません。

昔、旅行会社で講演をしたことがあります。その日はたまたまその会社の面接の日でした。たくさんの若者が部屋の前で面接の順番を待っていました。その中に一人、アジアの国の民族衣装を着た人がいました。皆がリクルートスーツを着ている中、その人の身なりはかなり目立っていました。

それを見た会社の人が「ああいう人は絶対通らない」と話したのを今でも覚えています。当時の私は、会社としては、このように自分が特別であることをアピールするような人ではなく、言われたことを何の疑問も持たずにする人が必要なのかと思いました。しかし、そうではなく、皆と違うことにことさら重きを置く人の脆さ、皆と違うことをアピールすることの無意味さを見抜いた上での発言だったのでしょう。

面接のときに奇抜なことをする人は多くないでしょうし、そんなことをしてみても、仕事ができるかどうかを判断することはできません。面接のときではなくても、仕事で自分が特別でなければならないと思っている人がいるとしたら、その人も特別の服装で面接に臨んだ人と同じです。仕事ではいい結果を出さなければなりませんが、**いい結果を出すためにはただ努力すればいいのであ**

り、**他の人から認められるために頑張る必要はないのです。**

ここでいういい結果とは、数字で明らかになるような結果だけではありません。数字では明らかにならないような結果を出せる人を大事にしない会社で、会社が要求する「数字で明らかになる仕事」ができないからといって、自分が有能でないことにはなりません。数字では明らかにならない結果を出していても、正しく評価されていないだけだからです。

特別でなければならないと思い込んでいないか？

本書でいう「普通」とは、皆と同じことをするという意味ではありません。むしろ、皆と同じように考え行動してはいけないことをこの章では見ました。

この人生をどう生きるかということについても、皆と同じである必要はなく、むしろ、同じであってはいけません。ところが、多くの人は皆と同じような人生を生きようとしています。

そのようになったのは、どんな人生を生きるかあまり深く考えたことがないからです。

　ここには、親の影響も大きく関わっています。多くの親は、子どもが特別であってほしいと願い、幼い頃から勉強させます。親から高い理想を押しつけられた子どもは、親の期待に応えようと一生懸命勉強しますが、そのような努力をして生き始めた人生は特別な人生のように見えて、他の多くの人の人生とあまり変わりはありません。

　そのように、子どもは親に影響され、親が期待する人生を生きようと思うのですが、それでも、自分で決めたのです。親の言うままに生きることを選べば、自分の人生なのに、自分ではなく親の人生を生きることになります。

　親の影響でなくても、他の多くの人を見て自分も同じように生きようと思った人も、自分の人生を生きられなくなります。自分の人生を生きない人などいないと思うかもしれませんが、自分の人生を生きたくない人はいます。端的にいえば、自分の人生なのに自分で責任を取りたくないのです。

　そういう人は、親に言われた人生、皆と同じような人生を生きれば、うまくいかなくなったときに自分の責任だと思わずにすむと考えます。もちろん、そうなったとしても誰も責任を取ってくれませんが、自分自身の判断で何をし、どんな人生を生きるかを決める自信がないのです。

特別であろうとすることも、実のところ、自分で決めたわけではありません。親や周囲からの期待や影響によって、特別でなければならないと思い込んだのです。

では、どうすれば、特別でなければならないと思わずに、普通である勇気――等身大の自分を受け入れる勇気――を持てるようになるのか、劣等感とその克服に焦点を当てて考えてみましょう。

第四章

劣等感の克服

見かけの因果律

同僚や後輩が仕事で自分よりもいい結果を出したときに、自分のほうが高学歴なので有能だと思っていたのにそうではなかった、自分は特別だと思っていたのに案外普通なのかもしれないと思うような経験をしても、そのことを認めたくない人もいるでしょう。

高学歴にこだわる人も、「過度に緊張する人」で、自分が本当に優れているとは信じられていないように見えます。これを劣等感と言うと、抵抗する人は多いと思いますが、劣等感は仕事に取り組むときにいわばブレーキをかけている要因です。それを取り除けば、仕事で今以上にいい結果を出せることを見ていきます。

アドラーは「見かけの因果律」（『生きる意味を求めて』）という言葉を使います。これは、本当は因果関係がないところに、因果関係があると考えたい人がいるという意味です。首尾よくいい結果を出せたときも、反対に出せなかったときにも、そのことの原因を本来因果関係のないところに求めることはよくあります。

学歴と能力の間に因果関係はない

学歴は能力を示す指標ですが、学歴と能力に因果関係があると考えることは見かけの因果律の例です。そのように考える人は、子どもの頃から有名大学に入ろうと受験勉強に励みます。有名大学に入れば有能だと思われると信じているからです。

子どもが自分の意思で中高一貫校に入ろうと思うことは普通ないでしょう。子どもをそのように思わせるのは、「将来成功するためには有名大学に入らなければならず、そのためには中高一貫校に入るべきだ」と考える親です。親に説得されて受験勉強をし、大学に入った人は、学歴は自分が有能であることを証明する証だと考えるようになります。

しかし、学歴が能力を示す一つの指標だとしても、大学を卒業したことと能力の間に因果関係があるかといえばありません。このように書くと、学歴は少なくとも努力したことと能力の間に因果関係がある証と考える人はいるかもしれませんが、努力して難関大学に合格したことは、「過去」に努力したということでしかありません。

過去に努力したこと、及びその指標としての学歴と「今」仕事ができることの間に因果関係を見出すのは難しいでしょう。学歴が大学を卒業した時点での能力についての評価であるとしても、その後も努力を続けているかを学歴は明らかにしません。

難関の試験に合格したということが本当に有能であることの証になるかも疑問です。試験は客観的に能力を評価するために必要と考えられていますが、試験でいい点数を取れなかったとしても能力が低いとはいえませんし、反対に、いい成績を取ったからといって有能であるともいえません。能力を一度の試験で判定することは困難であり、有能だからといってどんな試験でも常にいい点数を取ることはできません。

学歴と能力の間に因果関係があると見なしたい人にはわけがあります。いい結果を出せなかったときに、もしも自分が卒業した大学よりもいい大学を出ていればいい結果を出せたはずだと、今となってはどうすることもできない学歴に原因を求め、**可能性の中に生きたい**のです。

また、いい結果を出せなかったとしても、「いい大学を出ているので有能であることは間違いなく、今回の失敗は何かの間違いだ」「運が悪かったのだ」と考え、起きた現実を受け入れようとしない人もいるでしょう。しかし、この学歴と能力の間にあるように見える因果関係はあくまでも「見かけ」だけのものので、実際には根拠のない思い込みでしかありません。

学歴は属性でしかない

学歴は「属性」でしかありません。属性というのは、たとえば、「あの人は賢い」と言うときの「賢さ」です。しかし、これは文字通り、「人に属するもの」であって、その人自身ではありません。帽子を脱いでも、あるいは別の帽子を被っても、人が変わるわけではありません。どの大学を卒業したかは、その人の属性の一つでしかありません。

この属性は一般的なもので、同じ属性を他の人も持っていることは多々あります。他方、「個性」は属性で説明し尽くすことはできません。今問題にしている学歴という属性に自分を合わせることは、自分で自分の個性を失くすことに他なりません。就活をする若い人が、会社の求める「人材」になろうとするのと同じです。

あるいは、自分自身ではなく、卒業した大学の名声の力を借りてどの大学を出ているかを人に言うことで、その大学を卒業した人という枠組みの中に自分を当てはめることになります。なぜそのようなことをするのか。自信がないからです。自分は学歴という属性でしか認められないと思っているのです。

初対面のときに履歴書を読み上げるような自己紹介をする人がいます。そのような人には、私が知りたいのは学歴や職歴ではないと言いたくなります。学歴や職歴を聞いた私に感嘆されたいのでしょうが、私のようにそれを聞いても何とも思わない人がいれば落胆するでしょうし、国内では通用しても、海外では卒業した大学名を聞いても相手が知らないこともあるでしょう。

誰でも何でも成し遂げることができる

学歴と能力には因果関係がないと考えたほうが、仕事でいい結果を出せなかったとしても、努力が足りなかったからだと考えることができ、そう考えれば、次は違った仕方で仕事に取り組むことができます。有能でなければ、また高学歴でなければいい結果を出せないと考えたら、努力する気になれないでしょう。

アドラーが「誰でも何でも成し遂げることができる」(『個人心理学講義』)と述べていることは先にも見ましたが、アドラーがこのように主張し始めたとき、遺伝的な素質を無視しているのではないかと批判されました。しかし、アドラーは「能力は遺伝すると信じることは、子どもの教育に関してかつてなされたおそらく最大の誤りである」（『子どもの教育』）とまで言っています。

アドラーが指摘したかったのは、能力がないわけでも、また直面する課題が困難なわけでもないのに、最初から課題に取り組まないでおこうと決めている子どもが多いという事実です。

アドラーの主張の核心は、「初めからできないと思ってしまうと、それが生涯にわたる固定観念になってしまうが、そのような思い込みをなくせば誰でも何でもできる」ということです。できないと思うことが、何にでも取り組むときのブレーキになることがあるのです。

この格率は、有能であると見られている人だけでなく誰もが努力すれば何でも成し遂げることができるという意味で「民主的」な格率です。そのため、自分が有能で特別だと思いたい人は、自分の優位を脅かしかねないこの考えを受け入れたくないかもしれません。

アドラーの娘で精神科医であるアレクサンドラ・アドラーのこんなエピソードがあります。彼女は数学が苦手だったため試験を受けずに家に帰ってしまったことがありました。アドラーは娘に、「どうしたんだ。君は本当に誰もができるこんな馬鹿馬鹿しいことができないと思っているのかい？　やろうと思ったらできるんだ」と言いました。その後、アレクサンドラは、わずかな期間で数学で一番になりました（*Alfred Adler: As We Remember Him*）。

一番になる必要はありませんが、少しでも勉強すれば、最初はとても解けないと思っていた問題が解けることはあります。アレクサンドラは、数学が苦手だったので試験を受けずに帰ってきたのではありません。試験を受ければ評価されますが、受けなければ評価されずにすむと考えたからです。

もちろん、試験を受けなければ零点になるのでこのように考えるのはおかしいのですが、試験を受けて悪い点数しかつかないよりは、「もしも試験を受けていたら高得点だったのに」と思いたかったのです。

結果を出さないために試験を受けない人や、「もしも試験を受けていたらいい点数を取ることができただろう」とか、「もっと頑張っていれば成し遂げることができたのに」と思う人は、可能性の中に生きています。

何でも成し遂げられるとは限らない、どれほど頑張ってもできないことはあると思う人もいるでしょうが、**初めからできないと思って課題に挑戦しないブレーキをかけていることはありませんか。**

努力すればよい結果を出すことはできます。しかし、結果を出せないかもしれないと思う人は、課題に取り組む前に、あるいは十分努力する前に尻込みしてしまいます。これも本当は課題に取り組まないために尻込みするのですが、最初からいい結果を出せないとしても、少しでも努力を重ねれば、着実に力はついていきます。**もしも受験勉強をしていたときのように真剣に課題に取り組めば、何か新しいことに取り組む場合でも大抵のことは成し遂げることができるものです。**

劣等感が課題への取り組みにブレーキをかけている

自分が特別だと思ってきた人は、これまでの人生でいい成績を取り、仕事でも成功してきたことでしょう。なので、ブレーキをかけたことはないと思うかもしれません。

それでも、これからもいい結果を出せるだろうかと不安になったり、自分は特別ではないかもしれないと思うような経験をしたりすると、そう思うことが課題に取り組むときのブレーキになりかねません。

特別であろうとする人は過剰に努力をしますが、どこか劣等感があります。この劣等感は仕事に取り組むときのブレーキになります。努力をしながらも、劣等感を持つことは、アクセルとブレーキを同時に踏むようなものです。

人生においては避けることができない課題があります。その一つが仕事です。生徒や学生であれば勉強です。アドラーが次のように言っていることは先にも見ました。

「自分に価値があると思えるときにだけ、勇気を持てる」(*Adler Speaks*)

勉強や仕事に取り組むのになぜ勇気が必要なのか。仕事をすれば結果が出て、評価されます。その結果に対して低い評価しかされなくても、自分には価値がある——仕事の場合は有能である——と思える人は課題に引き続き取り組むでしょう。

しかし、そのような評価が下されることを恐れ、仕事を前にして怯む人がいます。アドラーはそのような人について、先にも引いたように、次のように言っています。

「自分の力を試してみても、深淵の前に立っているように感じ、ショックの作用——自分に価値がないことがあらわになる恐れ——で退却し始める」(『生きる意味を求めて』)

どんな仕事もやすやすと達成できるわけではありません。大きな仕事をやり遂げるためには努力しなければなりませんが、取り組む仕事があまりに難しく到底やり遂げることができないと思って退却し始めるのではありません。深淵の前に立って「ショック」を感じる本当の理由は、「自分に価値がないことがあらわになる」ことを恐れるからです。

自分は有能でないと思っている人や、有能だと思っていたけれどもそうではないかもしれないと自分の能力に自信を持てなくなった人は、結果が出て評価されることを恐れるので、仕事に取り組もうとしない、少なくとも積極的に取り組もうとしなくなります。

自分が有能であるという確信が揺らいでいるとはいえ、自分は有能で優秀なはずだと思いたい人には、仕事に全力で取り組まない「理由」が必要です。よい結果を出せないのではないか、自分は有能ではないのではないか。これが劣等感です。このような劣等感があることは、少なくとも全力で仕事に取り組まない理由にできます。「課題に取り組まなければ、有能でないという現実を直視せずにすむ」という自己防衛の心理です。

実際に能力がないので仕事に取り組めないのではありません。能力がないことは劣等性（inferiority）ですが、劣等感（inferiority feeling）は劣っていると感じていることであり、実際に劣っているわけではありません。仕事に取り組めば結果が出ますが、取り組まなければ結果は出ません。しかし、取り組まないためには理由が必要です。そこで、その理由として劣等感が登場するのです。

子どもは、最初から勉強ができないと思うわけではありません。しかし、親や教師が成績の振るわない子どもに「勉強ができない」と言い続けると、自分が有能でないことを理由にして課題に取り組もうとしなくなります。

有能だと思っていたのに普通かもしれないと思った人も同じです。一度失敗したりしただけで、その後もできないと思って、挑戦するのをやめてしまうのです。これまで勉強ができないと他の人から言われたことはなかったので、自信が揺らぎ今や自分でブレーキをかけなければならなくなるのです。

アドラーは劣等感は弱さなので、隠そうとする人がいると言います。劣等感は一般に弱さの証拠、何か恥ずべきものと見なされているので、劣等感を隠そうとする傾向が強いというのです。しかし、劣等感についての考えを変えることで、自分の能力についての見方も変えることができます。

自分で作り出した不安がブレーキになる

仕事で結果を出さないために劣等感を作り出す――これは自分の能力について不安があるからですが、結果を出すことを恐れて課題に取り組まない理由はこれだけではありません。

自分よりも有能な人がいて、その人には到底敵わないと思い込み、課題に取り組むことを避けてしまうことがあります。また、今はライバルがいなくても、そのような人が現れるかもしれないと思って不安を抱き、課題に対して消極的になることもあります。自分の能力に自信がないだけでなく、自分よりも有能に見える人を理由にして、課題に取り組まないことを正当化しているのです。

これまで自分は有能だと思っていた人でも、「自分は普通かもしれない、これまでのような成功を収められなくなるのでは」と思って不安になるとき、この不安がブレーキになります。ここで重要なのは、実際に自分よりも有能なライバルが現れるかどうかは関係ないということです。「有能な人がいる、だから到底敵わない」と思って課題に取り組まない決心ができればいいので、そのような人が実際にいる必要はないのです。

ライバルの存在が原因で不安になるのではありません。直面する課題をやり遂げるには努力するしかありませんが、その努力にブレーキをかけるために、自ら不安を作り出しているというのが本当です。

かつての自分と比べることがブレーキになる

不安になるきっかけは他にもあります。若い人には思いもよらないかもしれませんが、年齢を重ねると、もはや若いときのような記憶力や集中力がなくなったと感じることがあります。今は仕事ができるけれども、いつまで仕事ができるかわからないという不安に襲われ、若いときはもっと物覚えもよく、新しいことを学ぶことに抵抗もなかったのに、今は前ほど覚えられなくなったと感じるのです。

しかし、前のような結果が出せなくなったことの原因を記憶力、集中力、体力の低下に求める人でも、受験勉強をしていたときのように真剣に仕事に取り組めば、いい結果を出せないわけではありません。最初から取り組まないでおこうと決めているので、頑張ろうとしないだけです。

目立った能力の衰えを感じていない人でも、かつての自分と今の自分を比べ、仕事であれ、何かを学ぶのであれ、今は頑張っても前のようにはできないと思う人もいます。そのような人も意欲的に新しいことに取り組まず、仕事をしないでおこうと考え、ブレーキをかけてしまいます。そうすれば、不本意な結果を出さずにすむので、いつまでも有能だと思うことができるからです。

実際に不本意な結果を出すことになるかはわかりませんが、課題に取り組まない決心をするために、先に見た劣等感やライバルの存在と同様、かつての自分と今の自分を比べ、前のようないい結果を出せないと思うことを理由にするのです。

若いときに仕事で成功した人がいつまでもそのときの成功に囚われてしまうこともあります。あのベストセラーになった本を編集したのは私だ、新商品を企画したのは私なのだと皆に吹聴したくなるのでしょうが、それはあくまでも過去の業績です。

次の仕事をするべきだと私は思うのですが、かつてのような努力をしてもそれを超える仕事ができないという現実に直面したくないので、能力の衰えを理由にして逃げているのです。

劣等感はいらない

アドラーは誰でもある程度、劣等感を持っていると考えています。しかし、人生の課題に向き合うためには、劣等感をブレーキにしてはいけませんし、そもそも劣等感は必要ではありません。

アドラーは劣等感には二種類あると考えました。有用でない劣等感と、有用な劣等感です。まず、有用でない劣等感とは、他者と自分を比べたときに持つ劣等感です。アドラーは劣等感に並べて「優越性の追求」という言葉も使っています。優れようと努力するという意味です。

他者との競争に勝ち、他の人からよく思われたい人の優越性の追求は、「野心」という形で表れます。アドラーはこのような他の人よりも優れようとする形で表れる優越性の追求を**「個人的な優越性の追求」**（individual striving towards superiority）と言います。仕事はただ自分のためにするのではないと考える人がいる一方で、自分が優秀であると認められることしか考えない人は、自分にしか関心を持っていません。

他者との競争に勝つという仕方で優越性を追求する人は、他者との競争に勝てば優越感を持てるでしょうが、競争に勝てたとしてもいつか負けるのではないかと戦々恐々としていなければならず、安閑としていられません。

個人的な優越性を追求する人は、自分の優位が脅かされることを恐れます。優越感は優越していると感じることで、実際に優れていることではありません。**他者との競争によってしか得られない優越感は劣等感の裏返しです。**

今日、勉強でも仕事でも競争することは当然のことと思われていますが、競争に負けると、劣等感を持つことになり、勝ってもいつまでも勝ち続けることはできないと思うと、緊張した生き方となります。競争のどこに問題があるのか、競争に代わる関係のあり方がないかは、少し後で考えましょう。

さて、劣等感のもう一つは、有用な劣等感です。アドラーは「劣等感から優越感へと流れる精神生活の流れの全体が無意識のうちに起こる」（『人はなぜ神経症になるのか』）という言い方をするのですが、劣等感を人生の課題から逃れる理由にするのではなく、「劣等感から優越感へと流れる」のであれば、劣等感は有用なものであるはずだと説きます。

アドラーは次のように言います。

「優越性の追求も劣等感も病気ではなく、健康で、努力と成長への正常な刺激である」（『人生の意味の心理学』）

劣等感を持っている人がそのことを病的だと感じることがあるとしても、優越性の追求を病気と見なす人はいないと思うのですが、本人がというより、あまりに優れようとしているのを見た他の人がそう感じるということでしょう。

ここでアドラーは、優越性の追求と劣等感について、努力し成長することへの刺激になる健康なものと、そうでないものに区別します。たとえ劣等感を持っていても、それを補償する努力をするのであれば、健康なものだと考えるのです。

私は五十歳のときに心筋梗塞で倒れ入院したことがあります。今は早期離床といって、病気の治療をする一方で、できる限り早くリハビリを始めます。心臓リハビリというプログラムに従って少しずつ歩く距離を増やしていくのですが、最初は病室の外には行かずに、ベッドから降りて立つところから始めました。思うように歩けませんでしたが、日増しに歩ける距離が長くなりました。歩けない状態から歩けるようになりたいと思い、リハビリに励むことは、アドラーが言う健康な優越性の追求です。

しかし、私は歩けないことに劣等感を持っていたわけではありませんし、劣等感を克服するためにリハビリに励んだのでもありません。たしかに長い距離を歩けませんでしたが、病気のために「ただ」歩けないだけだったのです。病気のために歩けなかった状態を脱して歩けるように努力をしました。しかし、アドラーが言うのとは違って、私は劣等感を克服するために優越性を追求したわけではありません。

病気になったら、治療を受けたりリハビリを受けたりして元の健康な状態に戻ろうとしますが、他の人と比較して自分が劣っていると感じる必要はありませんし、他の人よりも優れるためにリハビリの努力をするわけでもありません。

また、若くないことに劣等感を持つ人はいるでしょうが、歳を重ねることに誰もが必ず劣等感を持つわけではありません。いろいろなことができなくなるのは本当ですが、それをいうなら生まれたばかりの子どもは何もできません。しかし、何もできないからといって、乳児や幼児は劣等感を持ちません。もっとも子どもの場合、もう少し大きくなると、大人から子ども扱いされて劣等感を持つことはありますが。

さらに、知らないことに劣等感を持つ人もいますが、そんな必要はありません。知らないことは、歩けないことと同様、ただ知らないだけで劣っている状態ではないからです。幼い子どもが知らないことがたくさんあるからといって、その子どもが劣っているとは思わないでしょう。大人も何でも知っている人はいません。しかし、だからといって、その人が劣っているわけではありません。学べば知識は身につきます。

私が伝えたいのは、**「劣等感がなくても、健全な努力はできる」**ということです。努力に、劣等感や他者より優れていたい優越性の追求は不要です。

知らないことがあれば学び、成績がよくなければ次回はいい成績を取れるように勉強することが有用な優越性の追求ですが、劣等感に結びつける必要はありません。知らないことがあるからといって劣等感を持つ必要はなく、知らないことがあれば知識を身につければいいだけのことです。

知らないことを知ろうとするのは、人間の根源的な欲求です。知識を身につけようとすることも、リハビリをして歩けるようになろうとすることも、劣っているから克服しなければならないと、劣等感を克服するために努力することではありません。

アドラーも、「劣等感があるから優越性を追求する」と言うと、劣等感が優越性の追求の原因と見ることになるので、後には劣等感についてあまり語らなくなりました。

生きることは進化ではない

優越性の追求も、他の人との比較、競争、優劣と関係づける必要はありません。**自分が努力するか、しないかだけです。自分がしていることと他の人がしていることは別のことであり、比べることに意味はないのです。**

では、なぜ優劣と結びつけて考えてしまうのか。事実、アドラーの言い方もそのように解釈させます。アドラーは次のように言っています。

「すべての人を動機づけ、われわれがわれわれの文化へなすあらゆる貢献の源泉は、優越性の追求である。人間の生活の全体は、この活動の太い線に沿って、即ち、下から上へ、マイナスからプラスへ、敗北から勝利へと進行する」（『人生の意味の心理学』）

アドラーがこのように言っていることのどこが問題かといえば、人間の生活は「下」「マイナス」「敗北」から「上」「プラス」「勝利」へ進行するとすれば、優越性の追求がマイナス、劣等の状態から始まることになるからです。

しかし、先に見たように、知らないことはマイナスではありませんし、病気であることもマイナスではありません。知らないことや病気であることは決して敗北ではありません。

他の人と比べるのでなくても、理想の自分との比較の中で劣等感が生まれると考えれば、今の現実の自分は「下」「マイナス」「敗北」の状態にあることになります。しかし、知らないからといって、また、歩けないからといって劣等感を持つ必要はありません。勉強すれば知らない状態から知る状態になるのであり、リハビリをすれば歩けない状態から歩けるようになるだけです。アドラーの言い方ではどうしても「上」「下」、つまり優劣のイメージが喚起されてしまいます。

この「上」「下」を「前」「後」に置き換え、各人がそれぞれの出発点からそれぞれの目標に向かって、平らな地平を進んでいると考えると優劣を考えなくてよくなります。前を歩いている人もあれば、後ろを歩いている人もいる。速く歩く人もいれば、ゆっくりと歩く人もいると見るのです。

しかし、このように見ても、なお前にいることが優れていると取れないわけではありません。アドラーは、人生は目標に向けての動きであり、生きることは進化することであると考えていますが、生きることは進化であると言ってしまうと、老化は退化のように見えます。若いときは速く歩けても、歳を重ねると若いときのように速く歩けなくなることがあります。若い人でも病気になると、歩けなくなることがあります。

病院でリハビリに励んでいたとき、私は病棟と病棟をつなぐ渡り廊下を歩いていて、皆に追い抜かされました。しかし、後ろのほうをゆっくりと歩いていたからといって私は劣っていたわけではありません。前のほうを速く歩く人が優れていたわけでもありません。ただゆっくり歩いていたのであり、ただ後ろを歩いていただけなのです。

治療を受けたりリハビリに励んだりするのは、マイナスの状態からプラスの状態になるためではありません。回復とは病気の前と同じ健康な状態に戻ることではありません。そもそも回復しない病気もあります。しかし、回復しなければ、治療を受けたりリハビリをしたりしても意味がないことにはなりません。健康な身体に戻れなくても、人生や自分についての見方がすっかり変わる人も多くいるのです。

平面上を歩くことを生きることだと見れば、歩く速度やどこを歩いているかは問題にはなりませんが、ゆっくりであれとにかく「前」に進むこと、「前」にいることがよいと見なされると、競争する人が出てきます。

勉強にしても、前にいることに優越感を持つ人がいます。中学生のときに、「そんなことは塾でもう勉強した」と得意げに話す同級生がいて辟易したものです。皆がまだ知らないことを知っていることに優越感を持ったのでしょう。しかし、早く学んだからといって、優れていることにはなりません。

前にいる人はただ前にいるだけで、後ろにいる人もただ後ろにいるだけです。前か後ろかにこだわるのは、常に自分を他の人と比べているからです。

しかし、比べる必要はありません。前にいるか後ろにいるかということにこだわらず、とにかく平面上のどこをどのように歩いてもいい、どこにいてもいいのだ。そう考えられるようになれば、歩くことだけでなく、多様な生き方を受け入れられるようにもなるでしょう。

第五章

自信を持って仕事に取り組む

ブレーキとはいかなるときも「自分でかけるもの」

ここまでで、自分が特別であると思うことの問題について見てきました。特別であろうとするのは劣等感があるからだとは認めたくないかもしれませんが、劣等感を持たず、自信を持って勉強や仕事に取り組めるためにはどうすればいいのか考えてみましょう。

真の自信を持つためには、ブレーキをかけるのをやめる必要があります。ブレーキをかけるのは、これまでのような成功を収められないのではないかと不安になるからですが、先に見たように、能力の衰えやライバルの出現、また何か行く手を遮るような出来事が起きることが原因で不安になるのではありません。

課題に取り組んで結果が出ることを恐れる人は、どんなことも課題に取り組まない、少なくとも全力で課題に取り組まないことの理由にします。結果がどうなろうと努力するしかありませんが、その努力にブレーキをかけるために不安を作り出すのです。

思うような結果を得られなかったら、次回はもっとよい結果を出せるよう頑張ればいいと考えればよいのです。それ「だけ」なのですが、ブレーキをかけてしまうのです。

競争は当然のことではない

仕事で常にいい結果を出している人は自信があるように見えますが、他者との競争に勝って認められることでしか得られないような自信であれば、競争に負けることがあればすぐに失われます。

たとえ競争に勝っていても、いつか負けるかもしれないと思って戦々恐々としていなければなりません。実際、自分より優秀な人が現れると、たちまち自信は失われますが、そのようなことで揺らぐような自信は真の自信とはいえません。

競争が当然だとされる社会に生きる人は、競争に勝たなければ自分に価値があると思えなくなっています。だから、競争に勝とうとするのですが、勝ち続けようとすると強いプレッシャーがかかります。競争社会の中で競争に勝ち抜き成功を収めてきた人でも、今後も勝ち続けることができるという保証はありません。

このような競争が行われているからといって、競争がノーマルということでは決してありません。競争は人間の精神的な健康を損ねるのです。

自信を持って勉強や仕事に取り組めるためには、競争から降りればいいのですが、あまりに他の人と競争することが当たり前になっている人は、他の人のことをまったく考えないで、仕事に打ち込むことがどんなことなのか想像もつかないのかもしれません。

他の人と比べない

他の人を気にしないためには、他の人と自分を比べるのをやめなければなりません。ブレーキをかけてしまうのは、他の人と自分を比べるからです。力を伸ばすためには、他の人と自分を比べることをやめなければなりません。

自分が優れていることを確信するために、他の人と比べる必要はありません。他の人と同じような仕事をしても、それは自分の仕事にはなりません。自分の仕事を他の人の仕事と比べて優劣をつける人はいるでしょうが、「これは自分にしかできない仕事だ」と思える人は、自分の仕事と他の人の仕事を比べたりはしません。

こう書くと「それだと自己満足で終わるのでは？」と思われるかもしれません。たしかに、自分の仕事が自己満足ではなく、他の人のためになればいいのですが、他の人のためになることをあまりに意識し、過度な献身や時に犠牲となるのは偽善的に見えます。

自己満足という意味ではなく、まず自分が得心のゆく仕事をし、それが他の人に貢献するのが望ましいのです。

植物は実を成らしたら、それ以上を求めません。実を採って口にする人、花を愛でる人はいるでしょうが、植物や花が考えることではありません。

自分と他の人を比べることになぜ意味がないかといえば、自分の能力は他者と比べることができないからです。音楽家と画家が競わないのは、そもそも比べることに意味がないからです。同じ仕事をしている人を妬む人はいますが、まったく畑違いであれば比べることはできないので、妬むこともありません。

では、同じ仕事をしている場合は、他者との比較は避けられないのでしょうか？　楽々と仕事をしているように見える人がいれば、その人と自分の仕事の仕方を比べたくなるかもしれません。しかし、他の人は楽々と学び、何でも成し遂げるように見えても、その人が時間をかけて大変な努力をしていることは見えません。人と競って勝ちたいと思っている人でなければ、自分が努力していることを吹聴したりしないからです。

努力しているところが見えず、いわば完成形を見てしまうと、「とてもあの人のようにはできない」と思い込み、自分には無理だとブレーキをかけてしまうことになります。

どんなことも努力なしには達成できません。作家は原稿を何の苦もなく書いているように見えるかもしれませんが、瞬く間に書き上げる人はいるとしても多くはないでしょう。

外国語が堪能な人を見たときに、自分は長く学んでいるのに一向に身につかないと思うのと同じようなことが起きているといえます。その人がどれほど時間をかけて学んだかは見えません。苦もなく読めたり話せたりしている人がいたら、あの人には才能があるのだろうとつい思ってしまいますが、努力しないで初めから楽々と話したり読み書きしたりできる人はいないのです。

他の人と競争しない

このように、競争に負けることを恐れる人は、勉強でも仕事でも、困難な課題に直面したときに、競争しても勝てないと思う理由を探し、課題に取り組もうとしなくなることがあります。

競争する人は誰とでも競争するわけではありません。競争する相手を選びます。自分が間違いなく優位であり、競争すれば勝てると確信できる人、少なくとも勝てる可能性がある人としか競争しません。

他方、他の人と自分を比べて勝てないと思えば、最初から競争しないでおこうと考える人もいます。勝てないと思うのは劣等感ですが、自分が劣っていると認めるのは難しくても、競争する相手が自分よりも圧倒的に優れているから競争しないと思うことはそれほど難しくありません。

競争するのもしないのも相手次第、つまり勝てると確信できれば競争し、そうでなければ競争しない、しかも、競争しない理由を相手が優れていることに求めるのです。

しかし、問題はそれだけではありません。

イソップ寓話に亀と兎の話があります。亀と兎がどちらの足が速いか言い争い、勝負する話です。

「兎は生まれつき足が速いので、真剣に走らず道から逸れて眠り込んだ。だが、亀は自分の遅いのを知っているので、弛まず走り続け、兎が横になっている所も通り過ぎて、勝利のゴールに到達した」(『イソップ寓話集』)

兎は明らかに自分が競争に勝つと思って真剣に走らず眠り込んでしまいましたが、亀よりも足の速い動物と競争するのであれば、眠り込んだりしなかったでしょう。慢心のために思いがけず、兎は負けた——この寓話は誰もが知るところでしょう。

兎は亀と競争したら負けるはずはないと思っていました。兎にとっては、勝ったときの優越感、勝つことで他者から賞賛されることが重要だったのです。しかし、もしも勝てそうにもなかったら競争しようとしなかったでしょうし、負けそうになれば途中で競争を放棄していたことでしょう。

ところで私は、亀は自分の足が遅くても悠々としているのかと長く思っていました。しかし、読み返してみたら、そうではなく、亀も兎と競争しようとしていたと知って驚きました。

「亀と兎が足の速さのことで言い争い、勝負の日時と場所を決めて別れた」(前掲書)

亀はそもそも兎の挑発に乗ってはいけなかったのです。足が速いか遅いかという違いがあるだけで優劣があるわけではないので、そもそも亀が兎と競争しようと思う必要などなかったのです。

私の息子が保育園に通っていた頃のことですが、あるとき、竹馬レースが行われました。息子はレースの当日になっても竹馬に乗ることができませんでした。どうなるかと思っていたら、最初から最後まで保育士さんに支えてもらってではありましたが、ゴールしました。ところが、最初すぐにトップに躍り出た子どもは途中で一位になれないとわかった途端に、競争を放棄してしまいました。

私は最後まで競争しなければならないと言っているのではありません。何事も競争と見れば、本来競争でない課題であっても、勝てると確信できるときにだけ取り組み、負けるとわかった瞬間から取り組まなくなるかもしれない。でもそれはおかしいと言いたいのです。

問題は勝てないと思ったら競争しないことではなく、勉強も仕事も競争と見ることです。亀は勝てないと見込まれる兎との競争をやめることなく最後まで歩き続けましたが、兎と亀の歩みはそもそも比べることはできず競うものではありません。

それにもかかわらず、亀が競争に乗ってしまったところが問題なのです。

競争に負けても価値はなくならない

競争に勝てないかもしれないと不安になるのであれば、そうならないためにどうすればいいか。競争から降りればいいのです。競争から降りることは負けることではありません。競争から降りれば、勝つことも負けることもありません。

しかし、自分だけ競争から降りることはできないと感じる人はいるでしょう。自分が競争から降りても、他の人は競争し勝とうとする。そうすると、自分だけが損をするのではないかと考えるからです。

けれども、皆が競争しているというのは幼い頃から刷り込まれた思い込みです。本当は誰とも競争をしているわけではないのです。いつか中学入試を受ける小学生の一群と電車の中で遭遇したことがありました。「必勝」と書かれた鉢巻きを巻き、緊張し悲壮な面持ちでした。受験は、競争に勝たなければ人生の落伍者になると親や教師から言われ続けたら、またその後の人生は競争だと思うようになっても不思議ではありません。

これまで、競争に勝つことで自分に価値を見出してきた人は、競争しない人生を想像できないでしょうし、負けたらどうなるか考えたこともないかもしれません。しかし、そのような人でも、いつか競争に負けるかもしれないと不安になることはあるでしょうし、実際、一度でも勝てなかった経験をした人は、自分には価値がないのではないかと思ったときのことを忘れることはできず、またそのような思いをしたくないので、いよいよ競争に負けたくないと思うでしょう。

競争に負けることなど考えておらず自信満々に見える人でも、先にも見たように、いつ負けることになるか戦々恐々としているというのが本当でしょう。

そのような不安から逃れるために、競争に負けたくないので頑張っているのです。しかし、競争に負ければ、自分に価値がなくなるかといえばそうではありません。勝ち負けでしか自分の価値を測れないというのは、思い込みでしかありません。

失敗を恐れない

勉強も仕事も、さらには人生も競争ではありませんが、競争だと思っている人が、競争から降りるためにはどうすればいいでしょうか。

まず、失敗を恐れないことが必要です。なぜなら、失敗したとしても、課題への取り組み方に問題があっただけで、適切な方法を学び、トレーニングすれば回避できるからです。仕事についていえば、よい結果を出すための努力は必要ですが、失敗したからといって、それを競争と結びつけて他の人との競争に負けたと思う必要はありません。失敗したから自分は駄目な人間だというような評価をする必要もありません。

何か新しいことを学び始めたときは、初学者が間違えるのは当然です。間違うことなしに知識を身につけることはできません。ところが、子どもの頃から「こんなこともできないのか」というような叱責を受け続けると、何をするにもできないのではないかという不安を抱くようになります。それが課題に取り組むときのブレーキになりますが、初めから何もかも首尾よくやり遂げることはできないので、失敗するのは当然です。

それなのに、失敗したとき、「これが」できなかっただけなのに、「こんなことも」できないのかと言う大人がいます。これは大人（他者）の評価です。そんなことを言う大人も子どものときは、「こんなことも」できなかったはずです。ところが、大人は自分が子どもの頃間違えたことなど一度もなかったかのように子どもを叱ります。叱られ続けた子どもは、自分は何をしてもできないとまで思い込むことになります。

子どもの頃からいい成績を取り続けてきた人は、そのような経験は少ないかもしれません。しかし、失敗が少なかった分、社会人になってからの失敗が大きなショックになることがあります。

たしかに、一度の失敗も許されないことはあります。特に、生命に関わる仕事の場合、失敗するわけにはいきません。それでも、一度も失敗したことがない人はいないはずです。だからこそ、失敗しないようにするにはどうしたらいいかを考えるのは当然ですが、失敗したときにどうするかも考えておかなければなりません。

もちろん、失敗したときには責任を取らなければなりません。仕事に取り組むときには他の人と比べたり競争したりする必要はなく、ただ自分が努力するしかありませんが、その仕事で失敗したときには、他の人にも失敗の影響は及ぶからです。

まず、可能な限りの原状回復をしなければなりません。物を壊した場合なら、壊れたものが元に戻ることはないので、完全な原状回復はできません。花瓶を床に落として破損してしまったなら、まずは破片を拾い集め掃除しなければなりません。手術で失敗したときには、できるだけ手を尽くして生命を救わなければなりません。

次に、失敗によって傷ついた人がいれば、謝罪しなければなりません。失敗は故意ではありませんが、多かれ少なかれ迷惑を被った人への謝罪は必須です。

さらに、同じ失敗をしないためにどうすればいいかを考えなければなりません。失敗しない人はいませんが、同じ失敗を繰り返さないためにどうすればいいかを考えなければ、また同じ失敗をすることになります。多くの親や上司は、子どもや部下が失敗したときに、ただ叱るだけなので、次に失敗することを防ぐことはできません。これでは、失敗しないためにどうしたらいいかを考えず、ただ叱られたくないと思って、失敗を隠すこともあります。

失敗をしたときには、このような仕方で責任を取る必要がありますが、落ち込んでいる場合ではありません。一度失敗したからといって、二度と仕事をしないというわけにはいきません。失敗したときは責任を取ればいいのであって、失敗したことで評判を落とすのを恐れることはありません。失敗を隠すことは信頼を失うことになりますが、責任を取る姿勢はむしろ信頼につながります。

アドラーは次のように言っています。

「勇気があり、忍耐強く、自信を持ち、失敗は決して勇気をくじくものではなく、新しい課題として取り組むべきものであると考えるように教育するほうがずっと重要である」(『子どもの教育』)

今の教育は、このようなことを教えず、成功したかどうかという結果ばかりを重視します。しかし、失敗しても勇気をくじかれて自信を失うのではなく、困難を切り抜ける力を持たなければなりません。

可能な限り失敗しないよう努めなければなりませんが、失敗したからといって落ち込んだり萎縮したりするのではなく、むしろ失敗することでこそ困難を切り抜ける力を身につけることができるのです。この失敗からは何を学べるだろうかと、失敗を前向きに受け止めていいのです。

結果を出すことを恐れない

失敗しなくても、仕事をすれば必ず何らかの結果が出ます。その仕事が簡単なものでなければ、取り組んでも成し遂げられないことがあるかもしれません。そのようなときに怯むのは、課題が実際に困難だからではありません。先にも見ましたが、自分に能力がないとわかるのを恐れるからです。

失敗したときに、失敗した人を無能だと思う人はいるかもしれません。しかし、取り組むべき仕事であれば、どう思われようと取り組まなければなりません。

必ずしもいい結果が出るとは限りませんが、それは結果を出せなかったときに考えればいいことです。結果を出せないと思って何もしない、また結果を必ず出せるとわかっているときにだけ挑戦するのではなく、結果のことを考えずに着手しなければならないことはあります。


結果を出さない最も簡単な方法は何もしないことです。学生であれば、悪い点数を取ることを恐れて、試験を受けなければ評価されません。もちろん、試験を受けなければ単位を取れず卒業できないことにもなるので、一時逃れでしかありません。

しかし、課題に取り組めば、努力に応じた結果を出すことができます。試験なら、満点は取れなくても、七十点でも八十点でも取れるはずです。

新しいことに挑戦するときも、いい結果を出せないかもしれない、失敗を晒してしまうと思って何もしなければ、大事なものを学ばないで生きることにな

ります。しかし、実際には思っていたよりもいい結果を出せることもあります
し、これまで学んだことが活かされ容易に学べることもあります。
やってみなければどうなるかわからないのです。

成功、失敗に囚われない

取り組むべき課題を前にして自信があるかと問われたときに、「ある」と断言できる人は少ないでしょう。もちろん、あらゆることについて自信がないわけではありません。確実にやり遂げられると予想できることであれば、自信があると言えるでしょう。

しかし、これまでうまくいかなかった経験、たとえば、仕事で失敗したことがない人でなければ、次も必ずうまくいくと自信を持って答えることはできないでしょう。

実際、次もうまくいくとは限りません。仕事についていえば、努力すれば必ずよい結果を出せるというものではありません。一生懸命勉強しても、入学試験や入社試験に合格できないことはあります。むしろ、そのほうが多いかもしれません。

しかし、自信というのは、成功、失敗とは関係がないのです。**取り組んでいる仕事に価値があると思える人は成功、失敗に囚われることはありません。**

何をするにせよ、失敗はするものです。一度も失敗したことがないという人はいないでしょうが、これまで比較的順調に成功してきた人が思うような結果を出せない経験をすると、自信を失い、失敗を恐れるようになるでしょう。成功しなければ得られない自信は、失敗したらたちまち失われます。

何か困難な課題に直面したときに、結果を出さないために、課題に真剣に取り組まない人がいることは先にも見ましたが、自信を持たないでおこうと決めている人もいます。

自信を持ちたくない人などいないと思うかもしれませんが、自信を持てば何が起きるかを考えてみれば、なぜ自信を持たないでおこうと決心しているかがわかります。

自信があれば、困難な仕事であってもそれに取り組むでしょう。その結果、自分が望む結果を出せないかもしれません。そのような事態に直面しないためには、仕事を一生懸命してはいけません。

何もしなければ結果は出ません。しかし、自信があれば、たとえば試験を受けるでしょう。試験を受ければ必ず結果が出ます。だからこそ、結果を出さないために自信を持たないでおこうと決めるのです。自信を持たなければ、自信がないから挑戦しないと思えます。自信を持たないでおこうと決心しているというのはこういう意味です。

自信を成功、失敗と関係させると、「挑戦しても成功しないだろう」と自信はたちまち萎《しぼ》んでしまいます。

「でも」と言わない

結果を恐れず挑戦するためには、「でも」と言わないと決めておくことが必要です。何か取り組まなければならない課題があっても、しないと決めた人は「でも」と言ってできない理由を持ち出します。**「できない」というのは不正確で、「したくない」というのが本当です。多くのことはできないのではなく、したくないのです。**

「でも」と言う人は、やってみようという気持ちとやらないでおこうという気持ちが拮抗しているのではありません。「でも」と言った時点で、やらないと決心をしているのです。

だから、まず「でも」と言いたくなったら、やりたくないのだということを意識しなければなりません。その上で次にするべきことは、「でも」と言うのをやめることです。

やってみてもできないことはたしかにありますが、多くのことは初めからできないと思い込んでいるのです。初めはあまり気が進まなくても、実際やってみると気持ちが変わることもあります。反対に、「とても自分にはできない」と思って挑戦しなかったことを後悔することもあります。

可能性の中に生きない

ヘーゲルが『法の哲学』の序文で次の言葉を引いています。

「ここがロドスだ、ここで跳べ」

出典はイソップ寓話の中にある次のような話です（『イソップ寓話集』）。

国ではいつももっと男らしくやれとけちをつけられていたオリンピア競技の選手が、海外遠征に出てしばらくぶりで帰ってきました。男はあちらこちらの国で勇名を馳せたと大言壮語し、ことにロドス島ではオリンピア競技者でさえ届かないほどのジャンプをしたと語りました。もしもロドス島へ出かけることがあれば、競技場に居合わせた人が証人になってくれようと言いました。

するとその場の一人が遮って言いました。

「おい、そこの兄さん、それが本当なら、証人はいらない。ここがロドスだ、さあ跳んでみろ」


私はこの選手は、可能性の中に生きる人、あるいは実行に移さなくてもよいときにだけ生きる人であると見ます。

このような人は、可能性が現実になることを望みません。「あなたは本当は頭がいいのだからやればできる」と言われても勉強しない子どもはたくさんいます。なぜなら、やればできるという可能性の中にいるときにだけ、その可能性の中で「できる子」として生きられるからです。勉強をして試験に臨み、悪い成績を取って「できない子」と言われたくないのです。

しかし、いずれ必ず結果が出るのですから、課題に挑戦することを先延ばしにしても意味がありません。望むような結果を出せなかったら、再度挑戦すればいいだけのことです。

課題を解決することだけを考える

物理学者の湯川秀樹にまつわる次のようなエピソードが伝えられています。

ある日講義をしているときに、湯川は黒板に書いた数式を何度も見ていました。

そして「ちょっと待ってくれ」と言って教室から出ていってしまいました。

やがて、数学の先生を連れてきて「先生、どうもこれ、変なように思うんだけど、間違っている?」とたずねました。もちろん、生徒の前で、です。たずねられた先生は答えました。「ああ、これ、間違っている」。そう言って、少し数式を直しました。湯川はそこから再び講義を続けました（『大人になるって何？　鶴見俊輔と中学生たち』）。

　このエピソードを伝える鶴見俊輔は、率直さは教育的に見ればいいことだが、率直な教師はきわめて少ないと言っています。湯川のように誤りを率直に認める教師はたしかに稀でしょう。職場の上司や政治家、また親も、一度発言した以上、たとえ自分でも誤りに気づいていても、人から指摘される前に認めようとしないことがあります。

　湯川のように率直に誤りを認められる人にとっては、課題を解決する、少なくとも課題の解決に向けて努力することだけが重要であって、その際に生じる対人関係上の摩擦を恐れて、課題を解決しようとしないことはありません。**どんなことを学ぶときでも、人からどう思われるかを気にしていると力はつきません。**

　ギリシア語を日本語に訳すことを拒んだ学生のことを先に書きましたが、教師にどう思われようと気にする必要はありません。むしろ、教師側からいえば、学生がどこを間違ったかがわからなければ、教えようがありません。だから、間違えてできない学生だと思われることを恐れて何も答えない学生が教師としては一番困るのです。

職場でも同じことがいえます。入社したばかりの人は間違えるのが当然です。上司にどう思われるかを恐れない人は力をつけることができます。自分の指導が足りないことを棚に上げて、こんなこともできないのかと叱責する上司であっても、どこが間違っていたか、どうすればいいかとたずねられる部下は着実に力を伸ばすことができます。

反対に、わからないことがあってもたずねようとせず、そのためにできる学生や部下であると思われたとしても、いつまでたっても力はつきません。**よく「思われる」ことではなく、実際によく「ある」のでなければならないのです。**

実際によく「ある」ためには、わからない、できない自分を受け入れなければなりません。特別でなければならないという思い込みを捨て、ありのままの自分を受け入れることができなければなりません。

教師や上司であっても、間違うことは当然あります。わからない質問を受けたら、次回までに調べておくと言えばいいのです。このような教師の対応を見て、教師としての力量を疑う人もいるかもしれません。しかし、間違ったことを教えず、真実を教えることは、たとえそのことで生徒や学生がどう思おうと、教師として譲れない姿勢です。

このように課題の解決を第一義的に考える人がいる一方で、課題の解決よりもそれをめぐる対人関係のほうを第一義的に考える人がいます。

そのような人は、課題を解決すること自体には実はあまり関心はなく、解決の手続きにこだわります。たとえば、自分が知らない間に事が進んでいて、事後承諾になってしまうことに腹を立てます。そのような人はプライドが高く、間違いを指摘しても受け入れようとはしません。合理的な解決方法が提示されても、自分が提示したのでなければ受け入れることができません。「何」が語られたかではなく、「誰」が語ったかが重要だからです。

対人関係のトラブルは、このような人との間でよく起きます。上司がこのような人であれば、面と向かってあなたは間違っているというようなことを言うと、当人はプライドが傷つけられたと思うでしょう。対人関係を第一義的に考えるようにならないためには、誰が言ったかに注目しないで、発言の内容そのものに注目しなければなりません。

このように間違っていることを認めようとせず、知らないことを受け入れることができない人、また手続きにこだわる人に対しても怯むことなく、自分の考えを主張しなければならないことはあります。主張すれば摩擦を避けるわけにはいきません。「主張しなければ摩擦は生じない」か、「主張すれば摩擦が生じる」かのどちらかしかなく、主張するけれども摩擦が生じないということはありません。

黙ってしまえばたしかにぶつかることはなく、波風も立たないかもしれませんん。しかし、それではいつまでたっても問題の解決にはつながりません。

他の人の承認はいらない

仕事は評価されます。その評価が正しくないことはありますが、優れた仕事をすることだけが重要であり、評価され認められるために仕事をするのではありません。認められるために仕事をする人は、認められないことが予想されると仕事をしなかったり、取り組んでも力を入れなくなったりします。

特別でいたい、一目置かれたいなどと思わなくても、よい仕事をすれば人から認められます。しかし、認められるために仕事をするようになると、本当に優れた仕事ができなくなります。

レポートや論文を書き上げたとき、人からよく書けていると言われなければ、自分が書いたものが優れていると確信できない人がいます。しかし、書いたものが優れていることと、他者の評価は必ずしも一致しません。

古来、芸術家が生前に自分が描いた絵画の価値が認められなかったことがありました。それでも、彼らは人から認められようが認められまいが、絵を描き続けました。絵が売れないため貧しい生活を送ることを余儀なくされても、そのことを少しも気にしていなかったように見えます。

認められることが大切であると考えていたなら、人に受け入れられるような作品を描いたかもしれません。そのような作品は芸術家が生きた時代の人には評価されたとしても、後世にまで残る普遍的な価値を持たなかったでしょう。芸術作品であれ、文学作品であれ、時がたてば忘れ去られてしまうものは数多くあります。

芸術家の作品は特別なので評価が難しいのであり、そんな特殊なケースと仕事は違うと思う人もいるかもしれません。しかし、価値と評価の関係は、芸術も仕事も本質的には同じです。

どれほど優れた作品であっても、その価値が存命中は認められないことがあるように、評価されなかった作品に価値がないわけではありません。

仕事の場合も基本は同じです。他者の評価や承認ではなく、自分がどう思うか、どう感じるかが先にこなければなりません。評価は結果としてついてくるものであり、評価されることを目的にしては、本当に価値のある仕事はできません。自分の価値観を基準に仕事に取り組むことが、結果として高い評価につながるのです。

特別でなくても承認されなくてもいい

大人になって初めて承認されたいと思うようになったのではありません。子どもの頃、勉強ができるので親にほめられた子どもは、親の期待に応えるべく一生懸命勉強します。子どもの側からいえば、勉強することで親に注目されたいと思うのは承認欲求です。大人になっても周りの人から優秀であると賞賛され続けると、自分が特別だと思い込んでしまいます。

しかし、承認欲求を持つのが当然かといえば、そうとはいえません。勉強ができる子どもがいい成績を取ったとき、親が喜ぶのを見てますます勉強するのも、親に注目されないと勉強しなくなるのも、どちらも本来の勉強のあり方とはいえません。勉強するかしないかは自分が決めることです。承認されるかどうかで勉強するかしないかを決めるのはおかしいのです。

仕事についても同じことがいえます。

先に、必要以上の無理な努力をしなければ、大人に認められないと思っている過度に緊張する子どものことを書きました。アドラーは先に見た教師を喜ばすために過度の努力をする少女を念頭において、次のように言っています。

「子どもが誰かに引き寄せられていると感じ、誰かと友好的になろうとする時、まさにその時目立ってその人に印象づける傾向がある」(『教育困難な子どもたち』)

アドラーは、このような傾向があることは人間の本性に反していないと言います。しかし、私はそうではないと思います。

気に入られたい、好きになってほしいと思ったら、子どもはいい子であることを印象づけようとします。勉強についても、いい成績を取ろうと努力して親や教師によく思われたいと努力する子どもはたしかにいるでしょうが、すべての子どもがそうではありません。

「彼女は最良の印象を与えることができるという自信がないので、彼女の努力は必死のものになる」（前掲書）

いい印象を与えられるという自信がないのです。勉強でも、いつも必ずいい成績が取れる自信がなく、いい成績が取れないときに、親や教師によく思われないことを恐れます。だからこそ、必死になり、緊張した生き方となってしまうのです。

親は勉強しない子どもには口やかましく勉強するように発破をかけるでしょうが、勉強ができる子どもには、勉強しない子どもに向けるほどの注目をしないことがあります。そのため、親に注目され認められたい優秀な子どもは、いよいよ高得点を取ろうと努力します。しかし、ずっと親が満足するような成績を取り続けることはできません。

たとえいい成績を取り続けることができたとしても、親に認めてほしいと思って勉強している子どもは、親の期待に応えることがプレッシャーになります。

さて、これが社会人になると、いい結果を出さないと上司や周囲に認められないと思って、仕事に対するプレッシャーは増します。仕事ができないわけではなく、他者の期待に応えようとすることが重圧になるのです。

自分が特別であることを他の人から承認されなければならないと考えると、他の人に承認されるための仕事しかできなくなります。時には自分の思うような結果を出せないことがあっても、他の人からどう思われるかということを気にしなければ、「どのように取り組むか」は自分で決められるはずですし、次こそは結果を出そうと頑張れます。

仕事を成し遂げることに集中すれば、特別であろうとか承認されようと思わなくなります。他者の評価を気にせず、自分の仕事に取り組めば、結果として他者からの評価や承認がついてくるのです。

評価は価値を決めない

自分の仕事の価値や自分の能力は他の人に認められなければならないと考える人は、そう考える理由があります。

自分は有能であると思えたら、仕事に取り組む勇気を持てます。しかし、これまで見てきたように、結果が出ることを恐れる人は仕事に積極的に取り組もうとはしなくなります。積極的に取り組まない人は、もっと頑張っていたらいい結果を出せたと言いたいのですが、自分ではそう考えることで納得できたとしても、高い評価を得ることはできません。

他方、結果を出そうとする人がいます。そのような人が仕事に取り組むためには、自分が有能であると確信する必要があります。最初からいつも望む結果を出せないことはありますが、自分が有能であると確信するために他の人からできると認められる必要はありません。しかし、自分では確信できない人は、他の人に有能だと認められることで自分が有能であると感じようとします。

しかし、有能であることをことさらに他の人に印象づける必要はありません。

アドラーは次のように言っています。

「何かを証明しないといけないと感じる時は、いつでも行き過ぎる傾向がある」（『子どもの教育』）

順序が逆なのです。いい結果を出せば認められますが、実績もないのに認められようとするのは無理があります。

他の人が正しく仕事の価値を評価しないこともあります。自分の仕事や作品だけでなく、自分自身が人からどう評価されるかを気にする人もいます。しかし、誰かから「あなたはいやな人ね」と言われたとしても、それはその人による評価でしかなく、その人の評価によって自分の価値が下がるわけではありません。

反対に、「あなたは素敵な人ね」と言われると舞い上がるような気持ちになるかもしれませんが、それもその人による自分についての評価でしかなく、その評価が自分の価値を高めるわけではありません。

価値があれば評価されますが、評価が価値を決めるわけではありません。芸術作品であれば、先にも見たように作品の価値が正しく評価されるとは限りません。多くの人が同じ評価をすれば、その評価は正しいと見えますが、ほとんどの人が高い評価をしないからといって、作品に価値がないことにはなりません。

仕事であれば、芸術作品ほど人によって評価が大きく分かれることはないかもしれません。それでも、評価は仕事の価値を示す一つの指標ではあっても、評価がすべてではありません。その評価が仕事の量的な面に焦点が当てられているのであれば、評価が正しくないことはありえます。時代を先駆ける独創的な仕事は、今の世の中でその価値が正しく評価されないこともあるでしょう。

もちろん、誰にも認められないことが自分の仕事に価値があることの証にはなりませんが、誰からも受け入れられるにはどうすればいいかということばかり考えている人は、認められるために人に迎合するような仕事しかしなくなります。そのような仕事をし続けていれば、誰の考えにも反対しないイエスパーソンが信頼を失うように、その人もいずれ信頼を失うことになるでしょう。

仕事をするときに、受験のテクニックに長けた人が出題者の意図を見抜いて求められる解答をするようなことをしていれば、評価されるかもしれませんが、いつまでたっても、独創的な仕事をすることはできません。

時に正しく評価されないとしても、仕事の評価と価値は一致しないことがあることを知っていなければなりません。他者の評価に振り回されない勇気を持つことが大事なのです。

他の人の評価を気にかけないといけないとき

他の人の評価について付言するなら、多くの人が仕事について低い評価をすれば、その評価は正しいかもしれないと受け止め、正しい指摘であれば評価を謙虚に受け入れ再挑戦することが必要な場合もあります。

自分の言動が他の人にどう受け止められるかを気にかけるのも大事なことなので、誰の意見にも耳を傾けない独断家になってはいけません。

上司が部下の意見を一切気にかけない独断家であれば、部下にとって、はなはだ迷惑な存在になります。誰もが間違うものです。上司であっても間違うことはあります。部下はそれを指摘しなければなりません。ところが、指摘ではなく批判と受け取り、誹謗とさえ思い込む上司がいます。

個々の誤りではなく、部下への日頃の接し方について改善の要望が出たときは、たとえ納得できなくても、なぜそのような要望が出てきたか、自分の言動に問題がなかったかを省みなければなりません。

三木清は、次のように言っています。

「反省は謙虚なる心に於てのみ可能である」（『語られざる哲学』）

自分の言動に問題があると指摘されたら、その指摘を無下に斥《しりぞ》けないで、なぜ改善の要望が出てきたのかを、謙虚に反省しなければなりません。

しかし、独断家は、批判（と受け止めるということですが）は当たらないと一蹴してしまいます。追い詰められて初めて自分の言動に問題があり、行きすぎたところがあったと認めても、他人事のように、「それでも問題と受け止めた人がいるのは遺憾だ」と言う人もいます。それは結局、自分がどう思われているかを気にしているだけであり、指摘された自分自身の問題を省み、それを改めようとはしません。

自分は正しいと信じている限り、謙虚さを持つことはできません。他の人の見方が正しいかもしれないと思えなければなりません。これが、他の人の指摘によって、自分では気づかなかった、あるいは、認めたくないありのままの自分を受け入れるということです。

他の人からどう見られるかということばかりを気にしてはいけません。しかし、自分の正しさに固執してもいけません。謙虚さを持ちつつ、自分の信念に基づいて行動する。そのバランスを取ることが大切です。

他の人の期待から自由になる

ずっといい成績を取り続けてきた人でも、試験で大きな失敗をしたり、自分よりも優秀に見える人が現れたりすると、自信が揺らぐことがあります。

アドラーは、次のように言っています。

「思春期には、確立された傾向における明らかな逆転が見られる。多くのことを期待された子どもたちが、勉強や仕事で失敗し始めるのであり、他方、以前はあまり才能がないと思えた子どもたちが、追いつき、思いもよらない能力を表し始める。このことは以前の出来事とは矛盾しない。おそらく、非常に前途有望だった子どもが、担ってきた期待を裏切ることになるのではないかと心配になるのである」（『人生の意味の心理学』）

子どもの頃からいい成績を取れる人はいます。しかし、そのような人が皆自信満々で「失敗」することなど考えてもいないかといえばそうではないでしょう。いつ何時「逆転」が起きるかもしれないと戦々恐々としているということを、本書では見てきました。

優秀な子ども自身、このような逆転劇が勉学において起こりうることを知っています。だから、自信満々に見えても、競争に負けることが少しでも予想されると不安という感情を作り出し、努力にブレーキをかけます。

ただ競争に負けるかもしれないと不安になるだけではありません。弟や妹に逆転されたときの親の評価、かつては優秀だと思われていたのに、他の人からの期待に応えられなくなるのではないかという他者からの評価が下がるという点でも不安になります。「担ってきた期待を裏切ることになるのではないか」

という不安にいわば潰されてしまうのです。

決して失敗しない子どもはいませんが、「勉強ができる子どもであれ」という親や周りの大人の期待を裏切ってはいけないと思うことは、子どもにとって強いプレッシャーになります。期待を満たさないと見放されるのではないかと恐れるからです。

子どもの頃は優秀で親の期待を満たせた人であっても、大人になってからも同じように他者の期待を満たせるとは限りません。**できることは、他者の期待を満たすために仕事をしているわけではないと知ることです。**

期待を裏切ってはいけないと思うことが、仕事が手につかなくなるほどの重圧になります。あえて他の人の期待を裏切る必要はありませんが、**ただ一生懸命仕事や勉強をすればいいだけであって、他の人の期待を満たすというようなことは考えなくてもいいのです。**

正確にいえば、他の人の期待を満たせないことを仕事をしないことの理由にしているのです。先に見たアドラーの言葉を再び引きましょう。

「支持され、ほめられている間は、前に進むことができた。しかし、自分で努力する時がやってくると、勇気は衰え、退却する」(前掲書)

「自分で努力する時がやってくる」というのは、頑張れと励まされたり、ほめられたりされなくなるときがやってくるという意味です。

誰かに勉強について口を挟まれなくても、何をどれくらい勉強するかを決めて勉強できるようになることが自立です。しかし、親が子どもに勉強させるためにほめ続けると、ほめられないとやらない子どもになってしまいます。親は当然のように子どもをほめますが、そうすることが子どもの自立を妨げるのです。

仕事でも同じことが起きます。仕事では、他の人が見ていようがいまいが、自分の判断でしなければならないことはいくらでもあります。誰かが見ているか、ほめられるかどうか、認められるかどうかに関係なく、努力することが求められるのです。

他の人の協力を求めるということ

仕事というのは、自分で決められることは自分で決め、その決定に伴う責任は自分が引き受ける覚悟が必要です。**その意味で、仕事は基本的には一人でするものです**。

自分で決めることでいい結果を出せたときには、自分の実力を本当に発揮できたと思えます。反対に、いい結果を出せなかったときは、その責任を自分以外の他の誰にも転嫁することはできません。

とはいえ、すべての仕事を一人でできるわけではありません。他の人の協力を求めなければならないことはあり、チームでしかやり遂げられない仕事もあります。

しかし、協力が必要であることを強調すると、いい結果を出せなかったときに責任の所在があいまいになることがあります。たとえ皆で相談して決めたことであっても、最終的な決定に自分も与ったのですから、うまくいかなかったからといって、その責任を他の人に転嫁することはできません。

アドラー心理学のカウンセリングは、多重カウンセリングといって、一人の来談者に対して二人以上のカウンセラーが担当することがあります。それぞれのカウンセラーが自分の考えをしっかり持っていると、来談者の前で自分の考えを出して検討できます。しかし、反対に、それぞれのカウンセラーが自分の考えを持っていなければ、互いに依存的になり、はっきりとした考えを来談者に提示できないことが起こります。

それなら、一人でやればいいということになりますが、どんな仕事でも一人でやっていると独りよがりになってしまい、間違った決定をしても気がつかないことがあります。上司が部下の、部下が上司の間違いを指摘するのも、協力して仕事をすることです。

何らかの形で他の人が関わったほうが仕事がうまくいくことはあります。基本的に一人でする仕事であれば、時々他の人に意見をもらうと、行き詰まっているようなときには突破口が見つかることがあります。ただし、他の人の意見を採用したことで起きる結果については、最終的な責任は自分が取らなければなりません。

本当は一人でやっている仕事ではないのに、一人でやり遂げたと勘違いすることも避けなければなりません。私の場合は、原稿を書くのは私ですが、自分の力だけで本を出版することはできません。そこで、編集者と協力して本を作るわけですが、編集者が一人で本を作るわけでもありません。ところが、編集者の指摘はもっともなのに受け入れたくなくなることがあります。「そんなこと言うなら、自分で本を書いてみたらいい」というのは、作家が口にしてはいけない禁句ですが、そう思うこともあります。

編集者と作家だけでなく、協力して仕事をするときは、それぞれが自立し、その上で協力していくことが必要です。依存していては、真の協力関係に入ることはできません。

私は決定稿に近い段階までは一人で書き上げることが多いのですが、早い段階で編集者に意見を求めるべきだったと思うときがあります。

なぜ私が編集者の意見を聞くことにためらいを感じるかというと、自分自身の考えが確立する前に編集者の意見を求めてしまうと、自分の考えがぶれてしまうのではないかと恐れるからです。しかし、本当は、編集者からコメントをもらったときに、それを評価だと思ってしまい、高評価でないことを恐れているからだと、本書を執筆しながら気づきました。

編集者はそのつもりはないのかもしれませんが、もっと完成した状態で見せれば、高い評価をもらえたに違いないと思うと、編集者に原稿を見せるのをためらってしまいます。そこで、できるだけ編集者に見せないで一人で考え込み、時に迷路に入り込んでしまいます。このようなとき、私は頭の中の編集者と競っています。

冷静になると、プライドを捨てて、いい本を書くということだけに徹しなければならないと思うのですが、今は私より年長の編集者はいないので、若い人が私の心を撹乱させるほど有能であることに思い当たることがあります。

他の人の協力を求めるのは、自分一人では仕事ができないからであって、他の人に依存するためではありません。**協力を求めたからといって、自分に能力がないということにはなりません。**どんな仕事も協力してすれば、それぞれの人の力を結集して、一人ではできない仕事を完遂できるのです。

「いい」仕事をする

若いときは上司から言われたことだけをしていた人でも、やがて本当に自分で納得できる仕事でなければ満足できなくなります。言われた通りのことをして結果を出せればいいわけではありませんし、結果さえ出せるのなら何をしてもいいわけでもありません。何をもっていい結果というかを考えなければなりません。

結果が数字ではっきりと表れることがあります。出版社であれば、ベストセラーを出すことが大事であり、ベストセラーを出した編集者が有能とされるのでしょう。しかし、たくさん売れる本がいい本とは必ずしもいえません。結果としてベストセラーになることはありますが、ベストセラーがいい本とは限りません。

私も書いた本がベストセラーになればいいと思いますが、それよりも、本が届くべき人のところに届き、本を読んだ人が人生を考えるきっかけになることを願っています。本には人生を変える力があります。著者としてはそのような本を書きたいといつも考えています。

本当に書きたいこと、書くべきことを棚上げにして売れそうな本を書き、その結果、ベストセラーになったとしても良心的な作家は満足できないでしょう。売れたけれども、その本を読んでも、何も残らないというのでは駄目なのです。

そのような本がベストセラーになるとは思わないのですが、作家であれば他の作家との、編集者であれば他の出版社との競争に勝って売れる本を書きたい、作りたいと思うかもしれません。しかし、それは「個人的な優越性の追求」に過ぎません。より大きな共同体のためになる本を書き、世に送り出したいと思うことこそが、本当に価値ある仕事です。それでこそ、自分が取り組んでいることに価値があると思えるのです。

他のどの仕事についても同じことがいえるでしょう。自分の所属する会社には利益をもたらしても、その利益が社会全体にとっては有害であれば、そのような仕事がいい仕事とはいえません。

いい仕事とは、ただ言われたことをすることではなく、また、ただ自分のためにだけすることでもありません。**何らかの仕方で誰かの役に立てていると思える仕事こそ価値ある仕事です。**そう思えなければ、数字に表れるような成功を収めたとしても、いい仕事とはいえません。

自分にしかできない仕事をする

「特別でなくてもいいが、同じであってはいけない」ということをここまで見てきましたが、自分が他の誰にも代われない存在であることをあまりに強調してしまうと、自分を特別視することになってしまいます。

多くの仕事は他の人もできなければなりません。病気で休んだ人に代わって他の人がその仕事をできるのでなければ困ります。退職した人がいても、その人の仕事は他の人が引き継げなければなりません。

もちろん、いずれの場合も、まったく同じ仕事ができるわけではありませんが、代わりに仕事ができる人がいなければ休むこともできませんし、誰かが退職したら会社が機能しなくなります。後進を育てるためには、仕事が特定の人にしかできないものではないという前提が必要です。

しかし、それでも、自分にしかできない仕事はあります。同じ仕事であっても、その仕事への取り組み方や進め方は人によって違います。仕事の手順はマニュアルで決まっているかもしれませんが、臨機応変な対応や独自の工夫は必要です。

自分の裁量で判断して仕事に取り組めるからこそ、仕事にやりがいを見出せるのであって、自分がしている仕事が自分でなくても誰でもできると思うと、仕事をする意欲がわいてきません。もちろん、何もかも自分の裁量で決めることはできませんが、どんなこともすべて上司の指示に従わなければならないようでは、仕事をしていて面白いはずはありません。

このマニュアル化されない、**自分独自の仕事の仕方を他の人に教えたからと**

いって、自分の仕事（の取り組み方）の独創性が失われるわけではありません。

形だけを真似しても同じように仕事ができるわけではないからです。

何もないところから仕事はできないので、仕事の仕方についてはある程度マニュアル化されている必要がありますが、他の人を模倣するだけでは創造的な仕事はできません。

ここで注意したいのは、独創は他の誰もしないことをするという意味ではないということです。これまで他の多くの人が積み上げてきた経験や知識にわずかな変化を加えることからが創造です。

哲学者の梅原猛は生涯多方面で独創的な研究をした人として知られていますが、学生の頃はギリシア哲学を学んでいたことを知る人は少ないかもしれません。梅原が提出した卒業論文を読んだ指導教官の田中美知太郎は、「この論文はhineinlegen《ヒナインレーゲン》であるが、古典の解釈はauslegen《アウスレーゲン》でなければならぬ」と言いました。hineinlegenは、「自分の感情などを投入する」ということ、auslegenは「意味を引き出す」という意味です。

田中は、自分の思想を文献の中に投入（hineinlegen）してはならず、文献の中から自ずと認識が出てくる（auslegen）ような研究をしなければならないと梅原に言いました。梅原はこの評をもっともだと認めつつ、「他人の哲学を客観的に認識するより、自己の生の確証を得ることに急だった」（『笑いの構造』）と書いています。梅原は、田中のもとを去りました。

私も後に同じ研究室でギリシア哲学の文献を原語でたくさん読みましたが、一字一句を疎かにせず正確に読むことだけが求められ、自分の解釈を投入することは許されませんでした。

私は若い頃は、もっと自由に考えたいと思ったので、梅原の言っていることにむしろ共感したものですが、何もないところで自由に考えることはできず、哲学書を正確に読むという縛りの中で考えることが重要だと学びました。

これは、鳥が真空の中では飛べず、飛ぶためには風という抵抗が必要であることに似ています。研究も同じで、何もないところでは独創性は生まれません。

他の人と違うことをすることに注力していては、自分にしかできない独創的な仕事をすることはできません。大事なことは、他の人とは違おうとすることではありません。そうすることは「個人的な優越性」を追求することでしかありません。

どんな仕事においても、自分にしかできないことをするのは、自分が優れていることを誇示するためではなく、どうすれば他の人の役に立てるかを考えなければなりません。ただ必要なことだけをするのではなく、**仕事で関わる人に貢献できることはないかと考えられたら、手順の決まっている仕事でも日々違った思いで取り組むことができます。**

独創性とは、他の人と違うことをすることではなく、価値を生み出すことです。新しい発想や工夫は、他者や社会への貢献を意識する中でこそ育まれます。既存の仕事の枠組みや手順に、自分なりの工夫や視点を加えることで、その仕事は自分にしかできない独自のものになります。

この貢献感があればこそ、自分の存在そのものに自信を持つことができ、取り組んでいる仕事に価値を感じられます。まさに、特別でなくていい、今の自分のままでいいと思える源泉となる感覚です。

内面的な促し

詩人のリルケは、自作の詩を送ってきた若い詩人カプスに、今後批評を求めるようなことは一切やめるようにと言い、夜のもっとも静かな時間に「私は書かずにはいられないのか」と自分自身にたずねるよう助言しています（*Briefe an einen jungen Dichter*）。

そして、「私は書かずにはいられないのか」と問うてみて「書かずにはいられない」と答えられるのであれば、「この必然性に従ってあなたの生活を建てなさい」と言っています。

ここでリルケが言う「書かずにはいられない」は、ドイツ語ではIch muß schreibenで、これは「私は書かなければならない」とも訳せます。しかし、義務感で書くということではなく、**内面的な促しに従って書く**ということです。「書かずにはいられない」と思ったら書くしかありません。その詩が売れるかどうかは重要ではなく、売れなければ書かないというのであれば、それは内面的な促しに従って書いた詩とはいえません。

リルケは、自分の詩を他人の詩と比べたり、詩を出版社に送って編集者に拒絶されると不安に思ったりするようなことを一切やめるようカプスに助言しました。

詩を内面的な促しや「必然性」に従って書く、つまり「書かずにはいられない」のであれば、他者からの評価はどうでもよくなり、他者からの評価に一喜一憂することはなくなります。

とはいえ、人からどう評価されるかは気にかかります。私は詩人ではありませんが、原稿を編集者に送っても拒絶されるのではないかと思うと不安になることがあるのは前述の通りです。しかし、そういうことを一切やめるようにとリルケは助言しているのです。

詩を書いても世間的な成功にはつながらないかもしれません。もちろん、リルケ自身も書かずにはいられないから詩を書いていたはずです。しかし、リルケの詩集は売れず、カプスに自分の詩集を贈りたいと思っても、自分では買えないので、書店で見つけたら買ってほしいと返信の中で書いているほどです。

ふと「この詩は売れるだろうか」と考えたとき、その生活は「書かずにはいられない」という必然性から逸脱しているのです。

「天職」のことを英語では「コーリング」(calling)、ドイツ語では「ベルーフ」(Beruf) といいます。どちらも「神に呼ばれる」や「神に呼び出される」という意味です。もちろん、信仰を持っている人でなければ、文字通りに、神から呼び出された仕事を今自分がしているとは考えないでしょうが、それでも使命感を持って仕事に励んだ経験を持つ人は多いでしょう。

「責任」のことを英語ではresponsibilityといいますが、これは「応答する（response）能力（ability）」という意味です。自分の仕事を天職と思っている人は、「この仕事を誰が引き受けてくれるか」と問われたときに、「はい、私がします」と自発的に応えます。呼びかけに応えるという意味で、これこそが真の「責任」感であるといえます。そうして引き受けた仕事こそが「天職」になります。

単なる義務感からではなく、内面的な促しに従い、進んで引き受ける仕事であってこそ、その仕事は天職と呼べます。「その仕事は私がしないわけにはいかない」と思えるのは、義務ではなく、使命感や内面からの強い動機によるものです。

しかし、積極的に仕事を引き受ける人でも、それが天職だとは思わない人もいます。哲学者のジャン・ギトンは「天職」と「野心」について次のように区別し、天職か野心のどちらに従おうとしているかを問いかけるべきだと言っています。

「野心は不安です。天職は期待です。野心は恐れです。天職は喜びです。野心は計算し、失敗します。そして成功は、野心のすべての失敗の中で最も華々しいものです。天職は自然のままに身をゆだね、すべてが彼に与えられます」（『私の哲学的遺言』）

なぜ野心が不安であり恐れであるかといえば、他者に認められようとするからです。そのような人は「誇らしげに、いかに自分は野心があるか」（アドラー『性格の心理学』）と言い、「美しく響く言葉」（前掲書）として野心を使いますが、力が足らず努力してもいい結果を出せないかもしれないと思うと、不安になります。このような人が使う「野心」という言葉は、自分をよく見せようとする「虚栄心」でしかないのです。

アドラーは、虚栄心は「人間に方向を与えてこなかったし、有用な業績へと導く力を与えてこなかった」（前掲書）と言っています。有用な業績は自分の所属する会社のみならず、より大きな共同体を視野に入れたものでなければなりません。自分が認められるためだけに仕事をして成功したとしても、その仕事は「有用な業績」ではなく「虚栄心の結晶」でしかありません。

あなたが今取り組んでいること、これから取り組もうとしていることは、はたして「天職」と呼べるでしょうか。

第六章

ありのままの自分から始める

現実の自分から始める

勉強や仕事の場合、何もしなければ何も成し遂げることはできないので、努力しなければなりませんが、「特別でなくても普通であればいい」と言うと抵抗する人がいるのは、ありのままの自分、普通である自分を受け入れたら、努力しなくなるのではないかと思うからです。

勉強や仕事についていえば、どんなことでも最初から何でも知っていることはありえません。多くの人は、学生のときだけでなく、働き始めてからも知識を身につける努力を続けています。若いときに身につけた知識は、役に立たなくなることもあるでしょう。

知らない自分がありのままの自分であれば、そのような自分を受け入れるというのは、その知らないという現実を受け入れ、そこから始めるということです。今もなお知らないことがあると認めるところから出発しなければなりません。知らないことがあることを認めたからといって、何もしない人はいないでしょう。

ところが、自分が特別だと思っている人の中には、自分が知らないことを認めたくない人がいます。知らないことがあると認めることには勇気がいりますが、知らないことがあるからこそ、知る努力をしようと思えるのです。知っている、あるいはわかっていると思ってしまうと、知ろうとしなくなり、そうなると力を伸ばすことができなくなります。

他方、自分が優れているという確信が持てず、過剰な努力をする人もありのままの自分を受け入れることができていません。そのような人が他の人からの評価を恐れ、自分をよく見せようとしていることは先に見ましたが、そのような人も今の自分の力を見極め、他の人が自分をどう見るかを気にかけずに、必要な努力をしなければなりません。

自分が知らないのを見て他の人がどう思うかも気になりますが、何よりも自分が「知らないこと」や「勉強や仕事ができない自分」を受け入れたくないのです。私は受験勉強をしていたとき、たびたび模擬試験を受けました。結果によって自分が志望する大学に合格できるかを見極めるためにこの試験を受けるのですが、それだけではありません。どこがまだよく理解できていないかも試験を受ければわかります。

ところが、私は採点して点数がよくないことがわかるのを恐れ自己採点をしませんでした。結果を直視せざるを得なくなる状況が怖かったのです。これでは力がつくはずもありません。

私の同級生の多くは試験後すぐに採点し、点数が低くても、冷静に自分の弱点を把握していました。本番の試験で結果を出すことがもっとも重要なのですから、模擬試験で自分の弱点を知ることは大学に合格するために絶対に必要なことです。それなのに、自分は特別であるという根拠のない自尊心を持っていた私は、現実の自分を受け入れる勇気がなかったのです。

知らないことを知る

自分が知らないことがあることを知っている人こそが、知らないことを知ろうとします。哲学は古代ギリシア語ではphilosophiaといいます。「知（sophia）を愛する（philo）」という意味です。

知を愛する人（愛知者）は、知者ではありません。何も知らない人は知ろうとせず、反対に、自分は何でも知っていると思っている知者も知ろうとはしません。

愛知者は、無知者と知者の中間に位置します。だから、知らないことを知ろうとします。先に見たように、知らないことは劣っていることではありません。知らないことを知ろうとすること、これが「知を愛する」という哲学の本来の意味です。

自分が知らないことを知っている人は、謙虚になれます。しかし、謙虚でない人は、知識があることを自分が優れている証だと考えます。そのような人にとって、知識があることは他の人よりも優位に立つために必要なことであり、知らない人よりも自分が優秀であることを誇示することもあります。

そのため、そのような人は、自分よりも知識がある人を見たときに、劣等感を持つことになります。そして、知らないことがあれば、それを隠そうとしたり、本当はよく知らないのに知ったかぶりをしたりします。

できるところから始めるしかないが

自分がそれまで知らなかったことを身につける必要があると思えば、ただ学べばいいだけのことです。足りないところがあれば学ぶしかありません。

世の中には三つのことしかありません。「するべきこと」「したいこと」「できること」です。このうち実際に取り組めるのは、「できること」だけです。

何か新しい仕事を始めるときには、その仕事をするために必要な知識を持っていなければなりません。しかし、まったくといっていいくらい知識がなかったとしても、知らないのだからどうすることもできないとはいえないときがあります。そのようなときこそ、知識を身につける「べき」であり、そうしたいと思っても、できることは「できること」だけです。

たとえ、今の自分では成し遂げることができないと思えるような課題があり、そのために必要な知識がないとしても、到底できないと思って何もしないのではなく、できることから少しでも始めるしかありません。

勉強すれば、最初の無知の状態を脱することができます。何もしなければ力はつきません。仕事でも同じです。入社したばかりのときは、知らないことばかりですが、少しずつ学んでいくしかありません。最初からできないと思ったり、他の人に敵わないと思ったりして、何もしないのではなく、少しでもできるところから始めれば、実際には、予想以上に多くのことを成し遂げることができます。

それなのに、最初からどうすることもできないと諦めてしまう人は、実際に取り組む仕事が困難だから何もしないのではなく、できないと思うことで努力することにブレーキをかけるのです。

頑張れば百点を取れなくても、六十点を取れるのに、百点を取れないのであれば課題に取り組もうとしない人がいます。アドラーの言い方を借りれば、「すべてか無か」（『子どもの教育』）のどちらかしか取ろうとしません。つまり、自分の望む結果を得られないのであれば、何もしないのです。しかし、勉強すれば無知な状態から脱することができます。単純な事実です。

人からどう思われるかを気にしない

何かを学び始めたら、最初は知らないことばかりなので間違うのは当然です。しかし、ただ知らないだけで、劣っているわけではありません。

私は大学でギリシア語を教えていましたが、ギリシア語は、英語では“It's Greek to me”（「それはギリシア語だ」、まったくわからない、ちんぷんかんの意）という慣用句もあるように、難解な言語の代名詞のような扱いを受けることがあります。そのような言語なので、初学者は間違えて当然といっていいのですが、私が指名しても答えようとはしなかった学生がいたことを最初に書きました。

練習問題のギリシア文を日本語に訳してもらい、間違ったところがあれば説明するという仕方で授業をしていましたが、順番が回ってきても黙ってしまったのです。その学生に、今当てたのに答えなかったのはなぜかたずねたところ、「この問題を間違えて、できない学生だと思われたくなかった」という答えが返ってきました。

私は「この問題を間違えたからといって、できない学生だとは思わない」と約束しなければなりませんでした。すると、次の時間から間違うことを恐れずに答えるようになり、着実に力がついていきました。外国語の勉強をしたことがある人なら、間違えたときにこそ知識が身につくという経験をしたことがあるでしょう。

この学生は、課題を前にして、読めない、わからないという経験を初めてしたのかもしれません。教師にどう思われるかを気にしたことは、「できない学生だと思われたくなかった」という発言からもわかりますが、間違えても当然なのに、同じ講義に出席している自分よりも優秀な学生が苦もなく（というわけではないはずですが）答えるのを目の当たりにして、自分が劣っていると思ったわけです。

それと同時に、教師は優秀な学生をひいきするようなことはしませんが、弟や妹が生まれた第一子のように、自分よりも優秀な人にだけ教師が注目し、それまでの人生で誰よりも優れていた自分が王座から転落したと感じたのでしょう。

他の学生に優り、教師に認められたいと思っていても、他の学生に勝てず、教師の期待にも応えられないと感じると勉強するのをやめてしまいます。しかし、本当に大切なのは、力をつけることだけです。教室で他の学生と一緒に学ぶと、どうしても自分と他者を比べてしまいますが、速く学ぶ人もいれば、ゆっくり学ぶ人もいるだけで、どちらが優れているとはいえません。

この学生のように、課題を前にして立ち止まるのは、知らないことがある自分を恐れる気持ちがあるからです。しかし、**学びとは「知らない自分」と向き合い、成長する過程そのものです。失敗を恐れず、一歩踏み出すことが、可能性を広げる唯一の方法なのです。**

知らないことを認める勇気を持つ

いつか医師から処方された薬が私が長く飲み続けている心臓の薬と一緒に飲むと問題があることに気づき、医師に薬を変えてもらったことがありました。処方箋を確認した薬剤師に、変薬の経緯を説明したところ、「そんなことは聞いたことがない、問題はない」と返答され、驚いたことがあります。

今の時代はインターネットで簡単に情報収集ができます。薬についても、受診前後に調べることができます。しかし、ネット上で得られる知識が必ずしも正しいとは限らないので、専門知識がある医師や薬剤師に頼らざるを得ませんが、何か誤りがあって困るのは患者自身です。だからこそ、医師や薬剤師任せにすることはできません。

最初に医師が処方した薬は一般的な薬であり、私の病気のことを知らなければ、どの医師も処方する薬です。その薬を処方したからといって、医師が間違っていたとはいえません。しかし、薬剤師は私の説明を納得できなかったとしても、患者を説得するのであれば、「自分は正しい」と断定するのではなく、患者が納得できる論理的な説明をする必要があります。

もしも初めて聞いたことであれば、薬剤師はその場で薬の使用禁忌を確認できたはずです。しかし、確認せずに問題はないと断定する薬剤師は、自分の知識が間違っていることを少しも疑っていないように見えました。

優秀であるがゆえの自信は、時に相手を不安にさせることがあります。専門家であっても、自分の知識が絶対であると思わないことが大切です。知っていると思っている人はさらなる知識の探求をやめてしまい、他の人の意見に耳を貸さなくなります。**知らないことがあると思うからこそ、学び続けることができるのです。**

真に自信がある人は謙虚です。若いときに身につけた知識が役に立たなくなることがあります。医学のような日進月歩の世界では、これまで知っていたことが誤りであったとわかることもあります。しかし、自分の誤りを認めることは、決して自分の無能を認めることにはなりません。むしろ、正しい知識を身につけるために必要なことであり、誤っていたことを認められるからこそ、学びを深め成長できるのです。

知らないことは決して劣っていることではありません。反対に、知識があるからといって優れているわけでもありません。相手が知らないことを学ぶ機会があったというだけです。教師が生徒より知識があるのも、単に早く生まれ学ぶ時間が長かったからに過ぎません。

自分をよく見せようとしない

教師は学生が最初からすべてを完璧に理解できるとは考えていません。したがって、自分ができないことが明らかになることを恐れ、教師の期待を裏切ることになるのではないかと心配する必要はありません。何かを学ぶことよりも、まずはどう思われるかを気にするのをやめることが大切です。

自分を実際よりもよく見せようとするのは虚栄心に他なりません。結果を恐れずに勉強や仕事に取り組むためには、虚栄心を捨て、ありのままの自分を受け入れることから始めるべきです。

勉強でも仕事でも、まだ十分力がついていないのであれば、努力するしかありません。今の自分の実力を認めた上で、そこから始めるしかないのです。しかし、他の人に自分を実際よりよくできると思わせることに成功すると、できると思われている自分に合わせなければならなくなり、プレッシャーを感じることになります。

高校三年生の夏休みに、英作文の補習を受けたときのことを思い出します。授業では、先生が配ったプリントにある問題を英語に直し、指名された生徒が答えを黒板に書きます。先生はその答えを見て解説しながら、生徒の作文に手を入れていきました。

私は配られた英作文のプリントを見て、この問題は先生が自分で作ったのではないだろうと思い、それを確かめるために授業が終わってから書店へ行きました。並んでいた英作文の問題集を何冊か手にとって調べたところ、すぐに先生のプリントと同じ問題が載っている問題集を見つけました。

その本を買った私は、翌日の予習をしているうちに、その本についている解答集を見たくなりました。さすがに最初から見てはいけないと思いましたが、「自分で作文した後に解答を見るのであれば問題はないだろう」と自分に言い聞かせ、答えを一度見てしまうと、もう見ないわけにいかなくなりました。答えを参考にして自分の作文を修正しました。答えを写したわけではない、あくまでも参考にしただけだと自分に言い訳をし、翌日授業に臨みました。

先生は答えを見て作った私の英文を訂正しませんでした。そして、私に「君は英語ができる」と言いました。英語はよくできるほうでしたが、こう言われた私は、それ以来先生の期待に応えなければならなくなりました。もちろん、先生によくできる生徒だと認められても、肝心の英語の力がつくはずはありませんが、このときの私にとって大事なことは、できる生徒だと見られることだったのです。

私は先生から英語ができると言われても、自分ができると誇示することはありませんでした。しかし、自力で英語を書けば間違える自分を受け入れることができず、間違いを恐れるようになったために、英語の力を伸ばせなかったように思います。知らないのに、あるいはできないのに、自分をよく見せようとするのではなく、知らない自分、できない自分を受け入れることができてこそ、間違うことを恐れることなく、学ぶことができたはずです。

自分をよく見せようとする人や、他の人から自分が有能であり知者であると見られていると思っている人は、そのような他の人の自分についてのイメージに合わせることに汲々とすることになります。他の人が自分について持っているる「できる人」というイメージに縛られ、本来の自分の力を発揮できなくなるのです。

しかし、間違えても「できない人」と思われないとわかれば、どうしても正解を出そうとする必要もなくなり、じっくり学び、力を伸ばすことができるようになります。

自分に関心を持つのをやめる

「過度に緊張する人」について見たときにも言及しましたが、間違うことや失敗することを恐れる人は、間違うことで他の人に無能だと思われたくありません。その意味で、人からどう思われるかを気にしているのであり、有能であるという他の人の自分に対する期待に合わせようとしています。

このような人は、仕事それ自体に関心があるわけではなく、頑張っても認められなければ、仕事への意欲を失います。努力しても認められないことを恐れ、もっと頑張っていたら認められたのにという可能性の中に生きたいので、積極的に仕事に取り組むことにブレーキをかけてしまいます。もちろん、もっと頑張っていたらいい結果を出せただろうという論理は他の人には通用しません。

仕事である以上、結果は必ず評価されますが、仕事の結果ではなく、自分がどう評価されるかを気にするのは間違いです。

間違えたからといって、「できない人」になるわけではありません。できない人だと思われるかもしれないと感じるのは、人からよく思われないことを理由に、その課題から逃げたいだけなのです。

私が教えていたギリシア語はそもそも受講する学生が多くありませんでした。受講生は多い年で五人、一人だけのときもありました。これがもっと大人数の授業であれば、間違いを恐れる学生はなおのこと発言できないと思うかもしれません。少人数のクラスだから目立つのを恐れたのかもしれませんが、クラスの人数にかかわらず、間違うことで人からどう思われるかを本当は気にする必要はないのです。

他の人からどう思われるかを気にするのは、企業研修の場でも同じです。こんな質問をしたら同僚や上司からどう思われるかを気にして発言しない人は多いです。匿名であれば発言の数は増えますが、顔を出して質問をするとなると「こんなこともわからないのか」と思われたくないのでしょうし、質問内容から思想傾向まで知られたくないと思う人もいるのでしょう。

何度か国家公務員の研修会で講演をしたことがありますが、講演をした部屋の後ろに上司がずらりと並んでいることがありました。そんな中でも怯むことなく質問をする人がいたときには安堵しましたが、そのような状況で質問できる人は稀です。睨みを利かせている（ように見える）上司の顔色を窺い、言うべきことも言えないのは、組織にとって問題でしょう。

他の人にどう見られているかを気にしてしまう「自分に関心がある人」は、自分への評価や立場ではなく、取り組むべき課題や仕事の成果や意義にこそ、その関心をシフトさせなければなりません。

「できない」と言われても気にしない

中には、間違う学生を「できない学生」だと決めつける教師もいます。でも、ある問題を間違えただけであって、できない学生ではありません。

また、上司が成績のよくない部下に「何をやっても駄目だ」と言うことがありますが、これも今回は失敗したというだけで、「できない部下」だと決めつけるのは間違いです。

教師や上司から、「できない」と言われても、自分は知らなかったために間違えた、あるいは失敗しただけであって、決して無能なのではないと考えられなければなりません。

もちろん、仕事や学業は結果が求められるため、評価を避けることはできません。低い評価を受けた場合には、次に向けて努力するしかありません。しかし、不当な評価や「何をやっても駄目だ」というように決めつけられたからといって、それを理由に仕事への意欲を失うことがあってはなりません。

他者の評価を下げることで、自分の価値を相対的に高めようとする人がいます。アドラーは**「第二の戦場」**（『子どもの教育』）という言葉を使います。

本来の仕事の場が「第一の戦場」です。仕事の場を「戦場」と見るのは間違いだと私は考えていますが、それは今は措いておきます。第二の戦場とは、仕事とは関係のない場所で、部下が失敗したときに叱りつけるようなことをして有能な部下の価値を貶め、相対的に自分の価値を高めようとする状況を指します。また、間違いを指摘し、少しでも間違いがあれば仕事全体の価値を認めない上司もそうすることで自分の価値を高めようとします。

このようなことをするのは、自信がないので、誰であれ価値を貶めて自分の価値を高めようとしているだけです。そのような教師や上司のために勇気をくじかれることがあってはなりません。

もちろん、このような教師や上司ばかりではありません。学生や部下の成績が悪いときに「努力が足りない」とか「能力がない」と決めつけず、自分の指導に問題があることに気づき、改善に努める教師や上司もいます。

アドラーは次のように述べています。

「私は子どもの能力、無能力を信じない。あるのは教師の能力、無能力だけだ」（"Schwer erziehbare Kinder"）

教えを受ける側から見れば、間違えたからといって無能であるわけではないので、次は同じ間違いをしないように努力するだけです。わからないことがあれば、教師や上司にたずねればいいのです。

間違えたとき、成績が伸びないときに、自分の指導の仕方を棚上げにして叱りつける教師や上司に無能だという評価をされても、気に留めなくてもいいのです。

大切なことは自分が成長するよう前向きに努力を続けることです。

今の実力から始める

何かを学ぶときには、今の自分の能力を見極める必要があります。簡単なところから始めるのはいやだというようなことを考えてしまうと、力はつきません。

なぜ最初から高すぎる理想を設定しないことが大切かというと、高い目標を掲げると、行動が伴わないことが多いからです。

外国語を自在に話せることや、本を速く読めるようになることを目標にするのはいいのですが、その目標を今すぐ達成することはできません。少しずつでも学び続ければ、振り返ったときにずいぶんと遠くまでやってきたと思える日がきます。しかし、達成不可能な高い理想を掲げてしまうと、努力する前から無理だと思い、学ぶ意欲を失ってしまいます。

また、学ぶ過程で間違えても、劣等感を持つ必要はありません。歩き始めた子どもが転んでも、親が叱ることはありませんし、子どももこんなことでは駄目だと悔し泣きしたりしないのと同じです。間違うことを恐れていたら、学びは進みません。

まずは、自分の今の実力を正確に見極め、現実的な目標を設定することです。少しずつでも着実な努力を積み重ねていけば、確実に進歩を実感できるでしょう。

学びの過程を楽しむ

ここでうっかりと「進歩」という言葉を使ってしまいましたが、速く先に進んだから有能であると思ってしまうと、学びが競争になり、結果だけに囚われてしまいます。

学ぶことが他の人との競争になってしまうと、結果を出すことだけが重要になってしまいます。入学試験や入社試験を競争と見なす人は多いでしょう。短時間で正確に答え、いい点数を取らなければ合格しません。効率的に答えを出すためには、じっくり考えるのではなく、要領よく問題文を読み解く方法を習得する必要があります。大学入試に臨む生徒は、そうしたテクニックを教師から学びます。しかし、そのような勉強が少しも面白くないと思える人がいれば、その感じ方は正しいといえます。

入試のような試験には必ず正解がありますが、世の中には答えが出ない問いや、他の人の意見や過去の正解に頼らず、自分で答えを導き出すことが求められる場面もあります。そのような問いの場合、答えを出すこと自体よりも、答えに至る過程を楽しめなければ、勉強も仕事もただただ苦しいものになってしまいます。

学生時代から競争してきた人にとって、学びの過程を楽しむのは難しいかもしれません。結果を出すために歯を食いしばって勉強してきたので、楽しむ余裕などなかったかもしれませんし、特に、限られた時間で結果を出さなければならない状況では、学びを楽しむという発想すら持てなかったかもしれません。

しかし、受験勉強や資格取得を目指す勉強でも、学ぶ過程で知らないことを学ぶ喜びを感じられなければ、続けることは困難です。結果だけに注目し、学びやトレーニングの過程で楽しさや喜びを感じられなければ、望む結果を出せなかったときに、やる気を失うことになります。

学びの過程を楽しむためには、知らないことを知る喜びを体感することが必要です。外国語学習を例にすると、最初は文章を読んで理解するのに時間がかかっていたのが、次第に速く読めるようになる。そのような学ぶ楽しみがあればこそ、結果的にそれが課題を成し遂げることにつながるのです。

ゆっくり学ぶ

子どもの頃から競争してきた人は、競争しなければ何も成し遂げることはできないと思い込んでいます。しかし、試験ですら他の人との競争ではありません。

たしかに、入学試験のような選抜試験では、努力しても必ず合格できるとは限りませんが、そのような試験のために知識を身につけること自体は他の人との競争とは関係ありません。たとえ試験のための勉強であっても、知らないことを知るのは本来楽しいはずです。ところが、他の人に勝たなければならないと思うと、学びの楽しみが失せてしまいます。

競争することが当たり前だと考えている人は、勉強や仕事も競争と見てしまいますが、勉強も仕事も本来他の人と競う必要はありません。努力は競争に勝つためにするものではありません。努力が報われるかどうかはわかりませんが、努力しなければ、どんな仕事も成し遂げられないのはたしかです。だから、努力するのです。

学びの過程で知らないことを知ることは本来喜びのはずです。しかし、競争は学ぶ喜びを奪います。試験勉強が苦痛だった人は、試験の競争の側面に意識が向き、知る喜びには目を塞いでいたのです。

努力する人は、アドラーの言葉を借りると、「何が与えられているかではなく、与えられたものをどう使うかが大切である」（『人はなぜ神経症になるのか』）ことを知っています。何かを学ぶとき、速く学ぶ人もいれば、時間がかかる人もいます。時間がかかるという表現が、速く学ぶことが優れているかのように聞こえますが、速く学ぶこととゆっくり学ぶことの差は優劣ではなく、学び方の違いでしかありません。学ぶのに時間がかかるのであれば、時間をかければいいのです。

効率的に学ぼうとする人から見れば、時間をかけることは無駄に見えるかもしれません。しかし、時間をかけなければ身につかないことは多々あります。効率を重視する人は、すぐに理解できなければ学ぶのを断念してしまいます。時間をかければこそ、理解でき面白くなるという経験がないのでしょう。

効率的に学ぼうとする人は、他の人より速く知識を身につけなければならないと考えます。競争するという意識から自由になるためには、あえてゆっくり学ぶ経験が必要です。

仕事ができる人は努力しています。しかし、その努力は外からは見えません。見えないのは、先にも見た通り、本当に優れている人は自分がしている努力を人に吹聴したりしないからですが、仕事ができる人が皆、効率的に要領よく仕事に必要な知識を身につけたわけではありません。

また、仕事を早く終わらせる人が必ずしも有能とは限りません。速く仕事をやり遂げることばかりに意識が向くと、間違いが増えたり、知識が身につかなかったりすることもあります。

ある大学で哲学を教えていたときに、試験監督を務めたことがあります。私の講義を熱心に聞いていた学生たちは、試験終了ギリギリまで答案を書いていました。講義内容に基づいた問題だったので、講義をしっかり聞いていれば必ず答えられるはずでしたが、きちんと答えるためには、かなり時間がかかるだろうと予想していました。普段熱心に講義を聞いていなかった学生はすぐに書くことがなくなり、答案を提出して早々に教室を出ていきました。時間をかけた学生たちの成績のほうがよかったことは言うまでもありません。

問題を解くときに答えを出す以外のことを考えずできるだけ効率的であろうとするのは、機械のようです。機械は、特定の目的のために「だけ」動きますが、人間は違います。

人間も何か目標を立て、それに向かっていくという意味で、目的的です。しかし、目的の達成に至るまでに、ただそのことにだけ有用なことをするのではありません。

一見、無駄に思えることもできるところが、人間と機械の違いであるといえます。学ぶことも、目的達成だけに囚われず、時間をかけて学ぶ過程そのものを楽しめば、思いがけない創造的な発想に結びつきます。

新しいことを始める

社会人になってから、さらには歳を重ねてからでも、新しいことを学ぶことの意義は大きいと私は考えています。仕事に直接役立つことだけでなく、すぐには役に立たないように見えることであっても、これまで一度も挑戦したことがないことに少し取り組んでみるだけで、日々の気分が変わることがあります。

私の場合、六十歳を過ぎてから韓国語を学び始めました。私は西洋哲学が専門だったので、若い頃は西欧の言語をたくさん学びましたが、アジアの言語に触れるのは韓国語が初めてでした。韓国人の先生について初歩文法を終えた後は、キム・ヨンスのエッセイを読みました。

当然のことながら、最初は間違えてばかりでした。予習に多くの時間をかけ、先生の前で韓国語を日本語に訳しましたが、他の言語ではしないような間違いをたくさんしました。

私は長年大学でギリシア語を教えていましたが、学ぶ側になると、私が教えていた学生の気持ちがよくわかりました。私は間違えても「ただあれやこれやの問題を間違えただけで、自分ができない学生だと思ってはいけない」と、学生に話したことを自分にも言い聞かせることになったのです。間違えても、ただ間違えただけで、できない、能力がないわけではないのだ、と。

最初は「間違えても当然」とまでは思えませんでしたが、やがて「初学者であれば間違うもので、能力の問題ではない」と思えるようになり、間違えてもそれほど気にならなくなりました。

知らないことを学ぶのは楽しいことですが、そのように感じられないとしたら、競争しているからです。私の場合は、個人授業だったので私の他に生徒はいませんでした。それでも架空の「私よりももっとできる生徒」のことを考えたりして、決して間違えない生徒と競争していたのです。

また、学ぶ側になると、すぐに理解できないのは自分の勉強が足りないからですが、教え方にも目が向くようになりました。とりわけ、複数の先生について学ぶと、教え方が上手な先生とそうでない先生の違いがよくわかります。

この気づきは、上司の立場で部下を指導するときにも役に立ちます。上司自らが学ぶ経験をすれば、部下が失敗したとき、部下の無能力や努力しないことのせいにしないで、自分の教え方にも改善すべき点があるのではないかと振り返るようになります。これにより、「どうしてこんなこともできないのか」と叱る代わりに、慎重に言葉を選んで適切に指導できるようになるのです。

自分でもまた、新しいことを学ぶときに苦労した体験をいつの間にか忘れてしまっていたことに気づきます。こんなこともできないのかと言いたくなることがあっても、それはかつて自分自身が経験したことだと、新しいことに挑戦する体験を通じて思い出さなければなりません。

何を学ぶにしても努力は必要ですが、少しずつであっても新しい知識を身につける経験や学ぶときに感じる喜びは、周囲にも伝わります。もしも、学ぶことが苦痛でしかないとしたら、それは学び方や学びに対する先入観に問題があるからです。

知らないことを知ることに喜びを感じる――その経験が自分自身になければ、その楽しさを人に伝えることはできません。たとえ今は大変だと思っていても、諦めないで取り組み続ければ、予想よりも早く成果が表れることもあります。この自分の経験から、他の人に学びの喜びを伝えることができるのです。

上司と部下の関係に限らず、自発的に何かを学ぶとき、他の人と競争しないで、純粋に学びそのものを楽しむことが大切です。今は独学する人が増え、語学学習アプリなどでも、他の学習者と競争させる仕組みが多く見受けられますが、私はそうした競争に賛同できません。学びは競争ではなく、自分が成長するためのものだからです。

結果ではなくそこに至る過程を大切にする

仕事では結果を出さなければなりませんが、結果を出すことだけが重要なのではありません。先にも見たように、優越性の追求には、正しい方向での追求と誤った方向での追求があります。

自分の利益のためにだけ優越性を追求するのは誤った方向での優越性の追求です。この追求は「野心」という形で表れます。並外れた野心を持つ子どもは困難な状況に陥るとアドラーは言います。

「成功したかどうかという結果によって判断し、『困難に立ち向かい、それを切り抜ける力』によって判断しないのが習慣的であるからである。またわれわれの文明では、根本的な教育よりは、目に見える結果、成功の方により関心があるということも習慣的なことである」(『子どもの教育』)

結果さえ出せばいいと思い、実際いい結果を出せたとしても、アドラーが言うように「ほとんど努力することなしに手に入れた成功は滅びやすい」(前掲書)のです。

もちろん、努力して成功する人はいますが、試験の山が当たっていい成績を取れたというような経験をすると、いかに要領よく結果を出すかということに意識が向き、さらには結果さえ出せばいいと考えるようになります。反対に、結果を出せないと思ったら、初めから課題に取り組もうとしなくなります。

結果を出すことは大切ですが、必ずしもいつもいい結果を出せるわけではありません。親や教師が、「頑張っていたけれども、結果がこれでは駄目だ」と言って勇気をくじき、結果に至る過程に注目しないことがあります。しかし、当事者である自分自身は、自分がどれだけ頑張ったかに注目し、課題を成し遂げる努力をするしかありません。

さらに、たとえ望むような結果を出せたとしても、それだけでは満足できず、他の人からの賞賛や承認を求めるのも問題です。

「成功しても人に認められるのでなければ満足しない。多くの場合、困難が生じると、実際にこの困難を克服することを試みるよりは、精神のバランスを維持することのほうが、子どもにとって重要である。このような野心の方向へ強いられた子どもはこのことを知らない。しかも、他人の賞賛なしに生きることはできないと感じている。このように考えるので、多くの子どもは他人の意見に左右されることになる」（前掲書）

望むような結果を出せても、それだけでは足りず、他の人から賞賛され認められたいという欲求が強くなります。その結果、自分がどう行動すべきかについて他の人の意見に左右され、自分で決めることができなくなります。

また、他の人の意見に左右されずに、行動を自分で決めたとしても、失敗することはあります。そのとき、責任を自分で取りたくないので、結果が悪かったときに「私は本当はしたくなかった」と言い訳をしてしまうこともあります。

しかし、失敗しても他の人に責任を転嫁しないで、その失敗も結果に至る過程で起こることとして受け止め、次は失敗しないよう努力を続けることから多くのことを学ぶことができます。

第七章

自分の人生を生きる

対人関係において普通であること

　ここまで述べてきたことを振り返ると、「普通である」とは皆と同じであるという意味ではありません。むしろ、同じであってはいけないのですが、だからといって、「特別でなければならない」ということでもありません。

　では、どうすればいいのか。それは、**他の誰とも違う自分として生きる**ことです。

　しかし、そのように生きようとしても、特別であることを求める人や成功しないといけないとプレッシャーをかける人が現れ、人生の行手を阻むことがあります。

また、多くの人は皆と同じであることに安心感を持ちます。そのため、自分の意見を持ち、自分で決断することで失敗するのを恐れて、皆と同じように、親や周りの大人から言われた通りの人生を生きることを選んでしまいます。そのような人は、誰の意見にも反発することがないため、自分の人生の選択肢が制限されていることにすら気づかないのです。

本章では、他の人から期待される自分ではなく、ありのままの自分として、自分の人生を生きるにはどうすればいいかを考えます。

対人関係での躓き

前章では、仕事で知らないことがあったときどうするかを考えましたが、人生をどう生きるのかということについても、知らないことが多々あります。知らないことがあるということを知らない人もいます。

人生を生きるというのは、具体的には人と関わるということです。自分の人生を生きるためには、どのように対人関係を築くかを知っていなければなりません。

仕事も対人関係です。最初から最後まで一人でする仕事はありません。普段は一人で仕事をしていて、仕事それ自体は一人でやり遂げることができるとしても、人とまったく関わる必要がない仕事はありません。対人関係を築けなければ、いい仕事はできないといっても過言ではありません。少なくとも、仕事で関わる人が自分のことを嫌ってはいないだろうと思えなければ、他の人と円滑に仕事をすることはできません。

また、有能なはずの人がパワハラをするのも、対人関係の問題です。部下を叱りつける人は、周囲を自分の思う通りに動かせると思っているかもしれませんが、どうすれば部下とよい関係を築くことができるかを知らないのです。

仕事ができることと、周囲から一目置かれることは別です。どれほど仕事ができても、対人関係を軽視していれば、周囲から尊敬されることはありません。

対人関係に入らないためのブレーキをかけない

対人関係に入っていくのには勇気がいります。誰も一人で生きていくことはできないので、対人関係を避けて生きることはできません。しかし、対人関係は時に厄介で、人と関われば何らかの仕方で摩擦が生じ、傷つけられることもあります。

対人関係と関係のない悩みはないといっても過言ではなく、対人関係はあらゆる悩みの源泉といえます。

何度も引用しましたが、アドラーは次のように言っています。

「自分に価値があると思えるときにだけ、勇気を持てる」（*Adler Speaks*）

対人関係の中に入っていかなければ生きていけませんし、生きる喜びや幸福も対人関係の中でこそ感じられるので、生きる喜びや幸福を感じられるためには、対人関係に入っていく勇気を持たなければなりません。

そのためには、自分に価値があると思えなければなりません。仕事の場合は自分に価値があると思えるというのは有能であると思えることですが、**対人関係において自分に価値があると思えるというのは、自分が好きであるということです。**「好き」という言葉に抵抗があれば、**自分を受け入れることができる**と言い換えることができます。自分のことが好きではなかったけれど、いいところもあると思えれば、少し人と関わってみようと思えます。

自分を好きになれないのは、子どもの頃から、周りの大人から短所や欠点ばかり指摘され続けてきたからです。叱られてばかりで育った人も、自分のことが好きになれません。

これは大人になってからも同じです。何か失敗したときに、その失敗についてだけ叱られるのならまだしも、「何をしてもいつも失敗ばかりしている」と言われたら、そのような自分のことは好きにはなれません。上司からそんなふうに言われることで自分が無能であり、そんな自分には価値がないと思ってしまうのです。仕事上の対人関係のトラブルについても、「いつも問題を起こす」というようなことを言われたら自分は駄目だと思うことになります。

そのようなことがあって、自分が好きになれず、人とうまくやっていく自信がなくなったというよりも、「自分が好きでない」「自分には価値がない」ことを対人関係に入っていかない理由にするのです。

自分でも自分が好きになれないのに、どうして他の人が自分を好きになってくれるだろうか。そう思うことで、対人関係の中に入っていこうとしないのです。

好きな人がいても告白しません。付き合うことを断られて傷ついたらいやだと思うからです。告白しても拒否されるというような事態を避けるために、初めから対人関係の中に入っていかないでおこうと決心をするのです。

このような人は、たとえば、自分は暗いと思います。暗いから対人関係の中に入っていこうとしないのではなく、実際は対人関係の中に入っていかないために、自分は暗い、先のアドラーの言葉で言えば、自分には価値がないと思おうと決心しているのです。そのように思うことは、対人関係に入っていくときのブレーキになります。

人と関われば傷つくような経験をすることがあるのは本当ですし、仕事の場合、友人と違って関わる相手を選ぶことができないので、苦手な人や嫌いな人と仕事をすることを避けられません。

しかし、すべての人がいやな人ではありません。苦手だと思っている人も、実際にはそうではないこともあります。また、初対面の人とすぐにいい関係を築くことは難しくても、思っているほど怖いことは起こりません。

人と関わることを恐れるのは、自分だけではなく、相手も同じです。そうであれば、まず自分が対人関係に入っていく勇気を持たなければなりません。

ありのままの自分を活かす

対人関係に入っていくためには、自分の短所をブレーキにしてきたことに気づかなければなりません。他の人は思っているほど怖い人ではないかもしれないと思うことも必要ですが、まずは自分についての見方を変えることが重要です。「自分を変える」と書かなかったのは、自分を変えることは容易ではないからです。自分を今のままで活かすことができれば、それが結果的に自分を変えることになります。

先にも見たように、自分を好きになったら対人関係の中に入っていくことができます。しかし、対人関係の中で傷つくことを恐れる人は自分を好きになってはいけないと決めることで、対人関係の中に入らない、少なくとも積極的に入っていこうとしません。

たとえば、自分は暗い性格だと思い、他の人にもそう言われる人が、ある日突然明るい人になるのは不可能ではありませんが、容易ではありません。明るくなりたいと思ったとしても、明るい人になったときに何が起きるかわからないので、いきなりこれまでと違う自分になる決心はできないのです。

そもそも、明るければいいというわけでもありません。自分のことを暗いと言う人にはよくこんな話をしてきました。

「あなたは自分の言動が、他の人にどう受け止められるか、いつも意識しているのではありませんか」

これに同意が得られたら、こう続けます。

「そうであれば、少なくとも故意に人を傷つけたことはなかったのではありませんか」

「故意に」という言葉を付け加えなければならないのは、自分としては人を傷つけるつもりがなくても、相手が自分の言動によって傷つくことはあるからです。この問いに同意する人には、こう伝えます。

「あなたは自分のことを暗いと言うけれども、暗いのではなく『優しい』のですよ」

暗い自分は好きにはなれないけれど、優しい自分なら好きになれるのではないでしょうか。

このように、今の自分を活かすことを考えるほうが現実的です。「暗い」の他にも、「集中力がない」のではなく「分散力がある」と見ることができます。集中力はあるけれども、静かなところで一人でしか仕事ができない人がいます。現実には、集中できる条件がいつも整っているわけではなく、他の人と一緒に騒がしいところで仕事をしなければならないことも、複数の仕事を同時にしなければならないこともあります。そのようなことができる人は、自分の注意を分散できるのです。

また、「飽きっぽい」と言うと短所に聞こえますが、「決断力がある」と見ることもできます。今読んでいる本が今の自分には必要でないとわかったら、その本を閉じ、別の本を読む決断ができることは長所と見ることができます。

アドラーの「何が与えられているかではなく、与えられたものをどう使うかが大切である」（『人はなぜ神経症になるのか』）という言葉は先に引用しました。何が与えられているかではなく、与えられているものをどう使うかを考えるほうが、これまでとは違う自分になろうとするよりもはるかに容易です。

到底達成不可能な目標を持たないことも重要です。たとえば、あらゆる人と仲良くなるというような目標は達成できません。到底達成できないような目標を設定してしまうと、その目標と現実の自分を比べ、結局誰とも仲良くなれないことを対人関係の中に入っていかない理由にしてしまいます。

自分の考えをしっかり持っていれば、他の人とぶつかることはあります。わざわざ人に嫌われるようなことを言ったりしたりする必要はありませんが、自分をよく思わない人がいるとしても、そのことは**自分が人に迎合しないで自由に生きている証である**と思えれば、あらゆる人と仲良くなることに意味がないとわかり、親友といえる人がいなくても気にならなくなります。

このように、自分についての見方を変えることができれば、自分を受け入れることができます。対人関係を避けてきた人が、「対人関係に入っていかないために、自分を好きにならないでおこうと決めていた」ことに気づけば、やがて自分を受け入れ、対人関係に入っていく勇気を持てるようになります。

他の人の期待を満たそうと思わない

自分を受け入れることができるためには、他の人の期待に合わせようとしないことも必要です。

他の人の期待に合わせようとするようになったのは、今に始まったことではありません。多くの子どもは、幼い頃から親の期待を満たすために生きようとします。

親は子どもに高い理想を押しつけようとします。しかし、たとえ親が動揺しても、子どもは自分の人生を生きるべきです。とはいえ、親に反対されても自分の人生を生きるというような強い意志を持つ子どもは多くありません。大人になってからも、周囲の期待を満たそうと生きている人が多く、自分がどんな人生を生きたいのかよくわかっていません。

子どもを進学校に行かせたいという親の相談をよく受けます。私は親が子どもの人生を決めることは本来できないので、まずは子どもの考えを聞く必要があると親に言うのですが、進学校に行き有名大学に入れば人生で成功するというようなことを親が言うと、子どももその気になることがあります。何かを決めるときに人の考えを聞くことはあってもいいと思いますが、自分の人生なのに親から勧められ自分ではあまり考えないでその勧めに従ってしまうのは、自分で決めているとはいえません。

「子どもは自分で決められない。いろいろな人生の選択肢を用意するのが親の務めだ」と言う親は多いですが、親が人生のレールを敷こうとしても、子どもは自分で調べなければなりません。

多くの子どもは、親の約束する薔薇色の人生が待ち受けていると信じてしまいます。しかし、親を喜ばせようと思っても、いい成績を取れないことはありますし、親が願う大学に入れないこともあります。当然、大学に合格できたとしてもそれで終わりではなく、入学してからも勉強しなければなりません。そして、いい成績を取れなくなると、問題行動を起こしたり、学校に行かなくなったり、また神経症になったりして、親の注目を得ようとします。

大人になると、周りの人に気に入られようと思って働き始めたのに望む結果を出せず、そのため注目されなくなると、いつも不機嫌でいることで周りに気を遣わせようとする人がいます。そのような人は自分の意思で決断するのではなく、周りの反応を気にしながら行動を選びます。そのような生き方は自己中心的でないと自分では思いたいのでしょうが、自分の人生について責任を取ることを放棄しているのです。

自分の人生は自分が生きるのですから、親や周囲の思惑や期待とは関係なく、どう生きるかを考えなければなりません。親を喜ばせるために親の期待する人生を歩むことも、親の注意を引くために親が困るようなことをすることも、どちらも意味はありません。他の人がどう思うかばかり考えないで、自分の行動や人生を自分の意思で決められなければなりません。

小学生だったある日、友人から電話がかかってきて、これから遊びにこないかと誘われたことがありました。私が住んでいた家は校区の外れにあり、子どもの足では学校まで三十分ほどかかりました。近所には友人がいなかったので、一度家に帰れば、次の日登校するまでは外に出ないことが多かったのですが、友人から電話がかかってきたときに、ふと行ってみたいと思いました。

そのとき、近くにいた母にこれから遊びにいっていいかとたずねました。母は言いました。「そんなことは自分で決めていいのだよ」と。

出かけてもいいか親に相談するべきだと、そのとき私は思いました。何でも親の言うことを聞くいい子であれば、親は喜んでくれると思ったのかもしれません。そのときも、出かけてはいけないと親が言えば、反対されてでも行こうとは思っていませんでしたが、親の答えは意外で、自分で決めることの責任

（その頃の私は責任という言葉を知らなかったでしょうが）の重みを初めて知ったのでした。自分で決めたのであれば、期待していたようなことが起きなくても、結末を自分で引き受けるしかありません。

人生の進路を決めることとは違って、親も強く反対する必要もなかったので「自分で決めたらいい」と言ったのでしょうが、このような日常的な決断も、進路の決断も、他者を巻き込む人は、自分で決める責任を取ろうとしていないのです。

認められるために特別になろうとしない

勉強や仕事に限らず、他の人からどう思われるかや認められるかに関係なく、自分の考えを持ち、自分がなりたい人になろうと思わなければなりません。努力した結果、他の人よりも優れていると認められることはありますが、認められるために他の人と競争する必要はありません。

「優越性の追求」という言い方ではどうしても他者と比べて優れているという意味になりやすいのですが、優れていることは他の人との競争とは関係ありません。特別な人として認められようとすることとも関係ありません。優れていることとは、何かを達成するために必要な知識や能力を身につけていることです。

他の人に認められるために特別であろうとする人で優秀な人はいます。親に認められようと思ったり、喜ばせようと思ったりして一生懸命勉強する子どもはいい成績を取れるようになるかもしれません。しかし、他の人に認められるために自分の力を使うべきではありません。

自分の力以上のことを目指している人は、いわば背伸びして自分を大きく見せようとするような無理をしています。これはまさに、「緊張した生き方」そのものです。そのようなことはしないで、知識や能力を身につけるために努力をすればいいだけです。

行動においても、特別であろうとする必要はありません。普通にしていたら認められないと思うのは劣等感です。この劣等感に対応する優越性の追求は、皆の注意を引くことで特別であろうとすることです。

親の意向に反して、高校に進学しなかった人がいました。親は二人とも高学歴なので、中学校を卒業して働くことがどういうことなのか想像できませんでした。彼は中学生のときはかなりつっぱっていました。髪の毛を染め、そりを入れ、眉毛をそっていました。

そんな彼がある日言いました。「僕はあんなふうにつっぱってなかったら親と話ができなかった」と。もちろん、普通にしていても親と話ができたはずですが、皆と違っていて特別でなければ、親に注目されないと考えていたのです。進路も、自分がどんな人生を生きたいかだけを考えればいいので、親に反発するために親が困惑するような人生を選ぶ必要はありません。

親を困惑させるために、あえて親が受け入れられない人生を選ぶとすれば、それは結局親の期待に縛られていることになります。自分の人生を生きるためには、自分がどう生きたいかを優先するべきです。たとえ親が困惑したとしても、そのことを気にして生き方を変える必要はありません。

皆と違うことを恐れない

特別であろうとする人がいる一方で、あまり目立たないように、他の人に合わせる人がいることは先に指摘しました。他の多くの人と違う人生を生きることをためらう人たちです。

特別でありたい人の中にも、自分の人生を自分で決めるというよりは、皆と同じように成功したいと思っているだけで、そのために他の人と同じような人生を生きることに満足する人はいます。他の人とあまりに違う人生を生きれば、自分が特別であるとは認められないけれども、他の人「より」成功すれば特別であると認められると考えるからです。

しかし、皆と同じように行動し、生きる必要はありません。三木清は、エクセントリシティ（eccentricity）という言葉を使います。これの形容詞であるエクセントリック（eccentric）は「常軌を逸している」というようなネガティブな意味で使われますが、三木はエクセントリシティ（eccentricity）を「離心性」と訳しています。「離心」は「中心から離れる」という意味です。

中心から離れるというときの「中心」とは、一般的、あるいは常識的な価値観です。皆と同じように生きることに何の疑問を持っていない人は中心的に生きています。そのような人は、今の生き方でいいのかというような疑問を持つことはありません。

しかし、一度でも常識が揺らぐような経験をしたとき、もはや中心に留まり続けられなくなることがあります。たとえば、病気になってそれまでのように働くことができなくなったり、身近な人を亡くしたりするような経験をし、それまで当然だった価値観の見直しを余儀なくされるというようなことです。

　このような特別な経験をしなくても、今のままの生き方でいいのだろうかと考え始めたとき、これまでどう生きるかを少しも考えてこなかったことに驚くか、考えないでおこうとしてきたことに気づきます。

　皆と同じように生きるのではなく、常識的な価値観から逸脱した人生を選ぶ人の生き方は、他の人にはエクセントリックに見えるでしょう。子どもがそのような人生を生きようとするときに、親が常識的な人生を生きていれば止めようとすることもあります。

　しかし、三木は次のように言っています。

「エクセントリックになり得ることが人間の特徴であり、それ故にこそ古来あのようにしばしば中庸ということ、ほどほどにということが日常性の道徳として力説されなければならなかったのである」（「シェストフ的不安について」）

　三木は、エクセントリックに生きることが、人間本来の特徴であると考えています。ただし、三木が言う「エクセントリック」とは、「特別でありたい」

「皆と違いたい」という欲求とは違います。むしろ、それは既存の常識や価値観から自由になるということです。

もちろん、三木は「エクセントリックになり得ることが人間の特徴」だと言っているのであり、そのような人生を生きることが一般的だとは言っていません。しかし、古来「中庸」が説かれなければならなかった背景を考えると、人間は本来的にエクセントリックに生きる傾向を持っているともいえます。そう考えれば、特別でありたい、皆と違いたいという欲求は、実は少しも特別なことではなく、普遍的な欲求であるともいえます。

とはいえ、特別でありたいという願望は、なお中心（centrum, center）から離れることができていません。三木の言うエクセントリシティ（離心性）は「中心」に縛られることではなく、むしろ「エク」（ex＝外、離れる）に焦点を当てた生き方を意味します。

皆と違い、特別でありたい、さらにそうあることで注目されたいと思う人は、なお「中心」に囚われています。皆からの承認が必要だからです。

中心から離れた人は、自分が特別であるとは考えません。また、特別でありたい、優れていたいという思いに囚われてもいません。ただ、多くの人とは違う考えを持ち、異なる意見を発する勇気を持っているだけなのです。

自分であることに自信を持つ

自分が誰であるかということを属性によってしか説明できない人がいます。自分が所属している会社などの組織名を言うことでしか、自分を説明できなかったり、会社名や職責、学歴を人に告げることで、自分が優れていることを誇示しようとする人もいます。

私は精神科の医院などでカウンセリングをしていましたが、初回のカウンセリングは自己紹介から始まります。その際、肩書きなどの属性によってしか自己紹介ができない人は少なくありませんでした。

属性というのは、先にも見たように、たとえば、「あの人は美しい」というときの「美しさ」のように、「人に属するもの」であって、その人自身ではありません。容色が衰えても、また病気のために身体を自由に動かせなくなったとしても、それは属性の変化であって、自分が自分でなくなるわけではありません。子どもの頃と今の自分は外見が違っても、同じ自分であることを疑う人はいないでしょう。その人自身とは「人格」とも言い換えることができます。

学歴も属性です。属性を列挙して自己紹介する人は、履歴書を読み上げているかのようです。しかし、いくら属性を知っても、その人がどんな人なのかはわかりません。**属性はその人の個性ではなく、他の人と共通している特性でしかない**からです。

心筋梗塞で入院していたとき、私は属性でいえば「患者」でしかありませんでした。病院という場では、外の世界での肩書きを語ったところで何の意味もありません。病気になると、それまで漠然と何年も生きるだろうと思っていたのに、人生には限りがあることに気づき、それまでの自分の生き方を見直す人は多いものです。そればかりでなく、自分の社会的な肩書きは病気になったときには意味がないことにも気づかされます。

患者になったからといって、自分が自分でなくなり、個性を失うわけではありません。ただ、社会的な肩書きが意味を持たない状況に置かれたとき、その事実を受け入れることが難しい人もいます。しかし、この事実を受け入れることができたとき、人生は変わります。

それまでは自分の属性でしか自分を言い表せなかった人が、死の淵を垣間見るような経験をすると、属性を語ることで自分が重要な人であるかのように示す必要がないことに気づき、やがて属性を語らなくても自分は自分であると思えるようになります。

しかし、そのように思えない人もいます。自分が一人の患者でしかないことを受け入れることができず、社会的な肩書きを持ち出して、自分がいかにエライかを誇示し、特別な扱いを求めたりします。

自分は一人の人間であるという以上の何か特別な存在であることを、学歴や所属先、職責といった属性によってしか他者に示せないと思うのは、自分が自分であるということだけで価値があるとは思えない状態です。

銀行の頭取まで務めたある男性が、脳梗塞で身体の自由が利かなくなったときに、こんな身体ではもはや生きていても価値はないと、「殺せ」と叫び続け家族を困らせたという話を聞いたことがあります。どうすれば、このような状況でも生きる価値があると思えるか考えなければなりません。

「生きていても価値がない」のではなく、「生きていること」にこそ価値があるのです。生まれたばかりの子どもは親の助けがなければ生きていけませんし、自力では何もできません。しかし、それを見た周りの人がこの子には生きる価値はないとは思わないでしょう。それどころか、子どもを見たら幸福になれます。大人も子どもと同じように、身体を動かせなくても、生きていることで周りの人に貢献していると考えていいのです。

入院したときに、社会的な属性から自由になる経験をし、そのことが心地いいことを知ると、もはや元に戻れない、元に戻る必要はないと思えるようになるでしょう。

個性を受け入れる

皆と同じでないことを恐れる人がいることは先に述べました。この「皆」の意味は曖昧です。当然、周りにいる人だけが「皆」ではありません。

自分は平均的な、あるいは、常識的な人と同じように考えたり、またそのような人と同じような人生を生きたりしたくない、特別でありたいと思う人も、自分の考え方や生き方が他の人とは違うということをあまりに意識しているようであれば、常識に囚われているといえるでしょう。

皆と同じであれば安心できても、それでは頭角を現せないので、同じであることを本当に望んでいるわけではないのですが、他の人と違うからといって、目立つ必要はありません。

頭角を現すというのが、他の人との競争に勝って優れていることが目立つという意味であれば、またいつ競争に負けるかもしれないと思って不安になりますが、競争しなくても、本当に優れた仕事をすることはできます。そうであれば、目立とうと思う必要はありません。

それに、個性的であれば、人と比べる必要はなくなります。むしろ、自分を他の人と比べている限り、個性的になることはできません。私は私でしかありません。他の人と違っていても、ただ違っているだけで、優劣はありません。ゆっくり歩いていることが劣っていることにはならないのと同じです。前を歩いているからといって、優れていることにもなりません。

親が子どもに自分の言うことを聞き、普通の人生を生きてほしいと願うとき、子どもに特異なところがあれば、それを短所と見て矯正しようとします。子どもも親の言うことを何でも素直に聞き、問題行動をしなくなり、親に反発しない「いい子」になるかもしれません。

しかし、そうなると、一角《ひとかど》の人物にもなれなくなります。「角」は少なくとも一つは残しておかなければなりません。角《つの》を矯《た》められた子どもは、平均的な、また、私が考えるのとは違った意味で、普通の子どもになってしまいます。そのような子どもは「いい子」であっても、スケールが小さくなってしまいます。私の考える「普通の子ども」は角を矯めた平均的な人という意味ではありません。角を短所ではなく長所と見なして、そのまま残さなければなりません。

皆と違うところ、それが「個性」です。他の多くの人と違っていることすら意識せず、「私は私だ」と思えなければなりません。その意味で、**個性を受け入れ、ありのままの自分を受け入れることができれば、他の人と違う特別な人になろうと思わなくても、自ずと違う人になることができます。**

本当は、自分の個性は自分で見出すことができますが、周りの人が見出すこともあります。先に湯川秀樹のエピソードを引きましたが、湯川は自分はあまり目立たない存在だったと自伝の中で言っています。自分も学者である湯川の父親は、子どもたちも学者にするつもりでいましたが、学者になることだけが人間として立派なことかと思ったとき、子どもたちの中で「秀樹のためには別の生き方を考えてやらなければならない」と思い、他の子どもたちと違う道に進ませようとしました。しかし、母親は次のように言って、再考を促しました。

「目立たない子も、あるものです。目立つ子や、才気走った子が、すぐれた仕事をする人間になるというわけでは、御座いますまい。かえって目立たないような人間が……」（湯川秀樹『旅人』）

親が子どもを自分と同じ道に進ませたいと思ったり、進む道を押し付けたりしてしまうことがあります。医師や政治家はそのように思って子どもを見て、成績がよければ医学部に行かせようとか、東大に行かせようと意気込みます。しかし、そのような親は子どもの個性に目を向けていません。

他の誰にも代えられない個性

親が他のきょうだいにはない個性を見出せば、子どもは自分がきょうだいとは違う個性を持っていると思えるでしょう。たとえ親が見なくても、周りの人が個性を見出せば、子どもは自分でも気づいていなかった自分の個性を知ることができます。しかし、そのような人がいなければ、自分で見出すしかありません。それができるためには、「皆」と違うのを恐れないことが必要です。他の誰とも同じような人生を生きなくてもいいのだと思えなければなりません。

真の自信は、他者と比べてより優れているからという理由で持てるものではありません。自信は、特別になろうとしなくても、「皆」に同調せず、自ら考え行動することで持てるようになります。たとえ親が強く勧めたとしても、親に従わず皆と違う人生を生きられないものか、一度立ち止まって考えなければなりません。

そのためには、他の誰とも違う自分の個性に目を向けなければなりません。個性は一般的な属性の枠組みには収まりません。学歴はもとより、仕事ができるというのもあくまで属性でしかありません。属性が失われても、その人の価値に変わりはありません。

人は不断に変化します。属性はその時々の人のあり方を示す指標ではありますが、その人自身ではありません。

外面などの変化にもかかわらず、同じであるのが「人格」です。属性はその時々の自分を表す指標であっても、人格、個性ではありません。それはまた一般的な指標でしかありません。同じ会社に勤めている人には同じ属性が適用できますが、その会社に所属しているという事実を示しているに過ぎません。

目立ちたくない、皆と同じでいいと思う人、また簡単に同調圧力に屈する人、さらには圧力すら感じずに皆と同じように考え行動する人は、自分が他の誰かに代えられる存在だということを認めているのと同じです。

人に認められるために特別よくなければならない、特別悪くなければならないと思わないで、普通にしていてもいいと思えること、そして特別であるべきだとは思わないことが自信につながります。本書で見てきたように、他者の目を気にせず、ただいい仕事をするために努力することは、この心境につながる道筋になります。

特別でなくても、つまり、他の人との競争に勝とうとか、注目されようと思わないで、普通にしていればいい、装わずありのままの自分でいいと思え、背伸びをしたりして自分をよく見せようと思わないでいられると、人生をもっと楽に生きられるようになります。

自分のことしか考えないのをやめる

量に還元できることであれば、比べたり競争したりすることはできますが、個性のような質的なものは比べることも競争することもできません。自分の個性を認められる人は、比べようとも競争しようとも思わないでしょうが、自信がない人は量的な面で他の人と競争しようとするかもしれません。

是が非でも結果を出し、競争に勝たなければならないと考える人は、自分にしか関心がなく、自分が世界の中心にいると考えています。アドラーは「この自分にしか向けられていない関心を他の人に向け変えなければいけない」と指摘しています。

今日の多くの問題が、自分のことしか考えない人によって引き起こされているといっても過言ではありません。競争しないのであればどうするべきか。他の人に協力すればいいのですが、他の人と競争ばかりして生きてきた人には、協力して生きることがどういうことなのかわからないのです。

有能ではあるけれども周囲からよく思われない人がいます。そのような人は謙虚さを欠き、間違いを指摘されると、むきになって否定することがあります。自分は特別だと思っているので、間違いを指摘されただけで、自尊心を傷つけられたと思うのです。このように自分がどう思われているかばかり気にする人も、自分にしか関心がありません。

有能だけれどもよく思われないのは、このような人だけではありません。圧倒的に勉強や仕事ができると、他の人はその人が有能であることを認めないわけにいきませんが、同時にどんなに頑張っても敵うはずはないと劣等感を抱きます。そのため、そのような人は、賞賛されることはあっても、愛されることはないかもしれません。

もしもそうであれば、その人が優秀で周囲が劣等感を持つからではありません。**有能であり優秀であっても、自分にしか関心がなく、他の人に協力する姿勢を示さないからです。たとえ有能でも他者に協力しようとしなければ、学校でも職場でもたちまち孤立してしまいます。**

協力とは、たとえば他の人に教えるというようなことですが、他の人に教え、自分の知識を人に与えると損になると思う人がいます。そのような人は、「与える」（give）ことは何かを諦める（give up）ことであり、与えると自分が貧しくなると考えていると社会心理学者のエーリッヒ・フロムは指摘しています（*Man for Himself*）。

目先のこと、自分のことしか考えられない生徒がいるとすれば、これは競争の弊害であり、教育の失敗だといわなければなりません。職場でも同じです。

上司のパワハラが目に余るものであっても、自分の昇進のことを考え自己保身に走る人は見て見ぬふりをします。そのような人もまた、自分にしか関心がなく、パワハラを受けている同僚を助けようとはしません。自分がパワハラを受けたときも声もあげず、上司と戦おうとはしないのです。

アドラーは先に見たように「誰でも何でも成し遂げることができる」と言っています。「誰もが努力すれば何でも成し遂げられる」というこの民主的な格率は「天才児の気勢を削ぐ」（『個人心理学講義』）とアドラーは言います。

この格率が受け入れられれば、有能だと自認し、他の人からもそう思われている人も自惚れたりすることはなくなるでしょう。有能であるのは先天的な才能があるからだと思っていた人でも、違いは努力の有無であると理解すれば、自惚れない謙虚な人はいよいよ努力するでしょう。

この格率を受け入れられなければ、「いつも期待されているという重圧を担い、常に前へと押し出され、あまりに自分自身のことに関心を持っている」

（前掲書）とアドラーは言います。有能な人で自分が期待されているという重圧を感じている人は、使命感があるのではなく、人からよく思われたいのであり、その意味でやはり自分にしか関心を持っていないのです。

他の人に関心を持ち協力する

関心を自分だけではなく、他の人にも向けられるようになると、自分の知識を他の人に与えられるようになります。そして、そうすることが自分にとって損になるとか、自分が教えた人が自分を超えるのではないかと恐れることもなくなるでしょう。自分が教えた人が自分を超えれば、教育者として有能であることの証左です。

教えたにもかかわらず学生が伸びなければ、有能な教師とはいえません。学生がいい成績を取れないのは、学生が勉強を怠ったからではなく、実際には教師の教え方に問題があるのです。

上司もまた、部下に知識やスキルを教えるという意味では教師です。自分の知識を惜しみなく与えても、上司が貧しくなることはありません。それどころか、部下が成長し自分を超えるのでなければ、上司は教育者として優れているとはいえません。部下が自分を超えるのは、上司が教育者として優れているからです。

反対に、部下が成長するのを妨げる上司は、部下とも競争しています。いつも失敗ばかりしているとか、何をしても駄目だというようなことを言って部下を叱るのは、有能な部下までも仕事に意欲を持てなくさせることで、自分を超えさせないようにするためです。

アドラーは、注目の中心でいるために人の邪魔をするよりも、「人を助けるほうがずっと勇気がいる」（『子どものライフスタイル』）と言っています。

自分だけが注目の中心にいようとする上司が、部下の成長を妨げるようでは、組織にとってためになりません。部下が失敗したり、成績を伸ばせなかったりしたら、上司はその部下を教育するという仕方で助けなければなりません。そうすることで持つことができるのが**「貢献感」**です。この貢献感があればこそ、部下が伸びていく協力をすることに喜びを感じられるようになり、他者と競争する意識が薄れて「緊張した生き方」からも解放されるでしょう。

他者にも関心を向けることができる人は、他者に「与える」ことができますが、自分にしか関心がなければ、人に与えることができません。アドラーは次のように言います。

「虚栄心が強くなると、他者のことよりも自分のことを考えるようになり、人生が要求していること、人間として〔他者に〕何を与えなければならないかを忘れる」(『性格の心理学』)

自分をよく見せようと思っている人は、自分のことばかり考え、他の人に関心を持っていないので、他の人に与えようとはしません。

「人は教えている間、学んでいる」(Dum docent discunt)というラテン語の諺がありますｍ。これは、教えることで、自らも学ぶことができるという意味です。本当に理解していなければ教えることはできません。教えることで、自分の理解度を確認し、十分理解できていないところがわかります。

誰かに何かを教えた経験がある人はこのことを知っています。教師の場合、もちろん、教えることは学生が力をつけるためですが、教えるために学生よりも勉強しているので、講義に臨む教師は学生よりも力をつけて当然です。また、質問を受けたときに答えられないことはありますが、このことは教える人が無能だからではなく、誰にでもわからないことはあるというだけのことです。

有能な人が他の人に劣等感を抱かせることがあることは先に見ましたが、他の人に関心を持ち、教えることで貢献する人は皆に愛され、孤立することはありません。

教わる側も、学ぶことを恥ずかしく思う必要はありません。教える人は早く知識を身につけたというだけのことであり、努力したから他の人に教えられるようになっただけです。教えられる人が、「教える人は、努力をした結果、力を伸ばせた」と理解すれば、自分も努力すればできるようになると思えるようになります。

少数の人だけが優秀で、他の人はあまりにできる人を見て劣等感を持ち、意欲的に仕事をしないというのではなく、知識のある人が教えることで、全体が伸びるのが望ましい組織です。

皆が協力すれば、できる人だけではなく皆が伸びていきます。競争するのではなく、上司を含めて皆が知識を身につけ協力して仕事ができてこそ、自分も他者も意欲的に仕事に取り組めるようになります。

このように、自分にしか関心がなかった人が、他の人に教えることによって優越性の追求を正しい方向に向けられるようになることが重要です。

自分だけが勝っても意味はない

勉強や仕事だけでなく、生きることそのもの、つまり人生全体が他の人との競争であると考える人がいます。そのような人は競争という土俵から降りることがどういう意味を持つのか理解できません。勝ち負けという尺度から自由になると、人生そのものが違ったふうに見えてきます。

競争から降りたとしても、実際には頭の中で思っているほど怖いことは起きません。負けても何とも思わないという意味ではなく、勝ち負けとは関係なく勉強も仕事もすれば、負けることを恐れて追い立てられるような仕方で取り組むことはなくなりますし、今は勝っているけれどもいつか負けるかもしれないと恐れることもなく、悠々としていられます。

芥川龍之介の『蜘蛛の糸』に出てくる犍陀多《かんだた》は、天上から垂れてくる銀色の蜘蛛の糸にすがりついて地獄から極楽へと入ろうとします。高く登ったときにふと下を見ると、たくさんの罪人が自分と同じように糸をよじ登ってきます。一人でも切れそうな細い糸なのに、これだけ多くの人の重みに耐えることはできない。そう思って犍陀多は叫びます。

「この蜘蛛の糸は己のものだぞ」

その途端、糸はぷつりと切れました。一部始終を見ていた御釈迦様は悲しそうな顔をして去っていきました。

競争すれば皆もろともに奈落の底に落ちてしまいます。たとえ勝てたとしても、勝つ人がいるということは、同時に負ける人もいるということです。勝ち組の人は成果を上げいよいよ仕事をするでしょうが、負けた人はやる気を失ってしまいます。全体として見れば、プラスマイナスゼロになってしまいますし、一人だけが勝ったところで仕事は一人ではできないので、ゼロどころかマイナスになってしまうのです。

与えることで所属感を持つ

何かの共同体に所属していると感じられることは、人間にとって基本的な欲求です。アドラーは次のように言います。

「われわれが常に共同体と結びついていたいと思うこと、結びついていると信じたい、あるいは、少なくとも結びついているように見せたいということから、独自の生き方、思考、行為の技術が生じる」（『性格の心理学』）

しかし、共同体にただ所属しているだけでは、共同体に結びついていると感じられません。**所属感は「与える」ことによって得ることができます。**ただし、与えるために、何か特別なことをしなければならないわけではありません。

たとえば、子どもが生まれてきたら、家族は変わります。子どもは積極的に何かをしなくても、家族を変える力を持っています。もはや子どもが生まれる前に親がどんなふうに生活していたか思い出せないほどです。

大人も同じです。会社に就職したとき、その会社は自分が就職する前から存在しています。その意味で、時間的には会社に後から入っていくわけですが、いったん就職したらもはや自分が入る前の会社は存在しません。子どもが確実に家族を変えていくように、新しく会社に入った人も、会社を変えます。会社に自分を適応させることばかり考えなくてもいいのです。

子どもと違うのは、**行為によっても共同体を変えられる**ことです。たとえば、上司の言っていることがおかしいと思ったとき、黙って従うのではなく、それはおかしいのではないかと指摘すれば、会社は変わります。

職場の雰囲気が、新しい考えを主張することが容易でない場合のことは先に見ました。それまでも、おかしいと思っていた人はいたでしょうが、声をあげる勇気を持つ人がいなかったのです。もしもこれまで誰もできなかったことを、誰かが始めれば職場は変わります。

異議を唱えるというようなことでなくても、これまで誰も思いつかなかったことを提案することで組織を変えることができます。ただし、新しい考えは前例がないというような抵抗に遭うことがあります。しかし、すでに成功した事例と同じようなことをしていれば、大きな損をするリスクは回避できても、本でいえばベストセラーやロングセラーを生み出すような革新は起きません。新しいことを手がけることにはリスクが伴いますが、変化を恐れ、損失のリスクを回避してばかりいれば組織は発展しません。

組織で働く人だけでなく、誰もが「与える」ことで自分の所属する共同体を変えていく力を持っています。

ギブ・アンド・テイクではない

また、組織を変えるために他の人と競争する必要はありません。**競争するのではなく、協力することで組織は変わります。**たとえば、誰かから助言を求められたときに、それに答えるというようなことです。

しかし、援助を求めてくる人がライバルだと思ってしまうと、助けることが何か損をしたような気持ちになるかもしれません。助言をすることで、相手が首尾よく仕事を成し遂げれば、競争に負けたと思う人もいるかもしれません。

先にも見たように、与えることが損になるわけではありません。与えると損になると思う人は、何事もギブ・アンド・テイクでしか考えることができず、これだけのことをしてあげたのだから、これだけのことを返してほしいという計算ばかりしています。

そのような人が、ある日、相手から返ってくることを期待しないで、与える経験をしたときに、思いがけず嬉しい気持ちになることがあります。**この感覚が「貢献感」です。**

与えることが損だと今まで思っていた人でも、見返りを考えないで与えたら嬉しい気持ちになるという経験をすれば、やがてこの与えること自体が喜びであると感じられるようになります。

自分が与えたことは、自分が与えた相手から直接返ってこないかもしれません。しかし、自分が知っていることを惜しまず周りの人に与えることができる人は、自分が助けを必要とするときに誰かから与えられます。皆が自分ができることを他の人に与えるようになると、巡り巡って自分に返ってくるようになります。

他の人から与えられることしか考えていないような人もたしかにいます。そのような人でも他の人は力になろうとしますが、与えられることを当然だと思って、自分は与えようとしなければ、気がついたら周りに誰もいなくなることはありえます。

自分に返ってくることを狙って、他者に与えるというのも間違いです。他の人に何かを与えることで貢献感を持てれば自分に価値があると思えますが、そう思えるために他の人に役立つようなことを意識的にするのも間違いです。有能な人は自分が有能であることを人に誇示しないように、自然と与えることができるようにならなければなりません。

これができるためには、何かを依頼されたときに、それはできないと思ったり、なぜ自分ばかり頼まれるのかというようなことを考えたりしないで、ただ引き受けてみるといいでしょう。いつも見返りを求めてしまう人が、返ってくることが当然だと思わなくなるのは難しいですが、今日は他の人から何か依頼されたときに断らないで引き受けてみたとき、自分がどう感じるか注目してみてください。

所属感は人間の基本的な欲求ですが、共同体に所属していることと、その中心にいることは別のことです。自分が共同体の中心にいると思っている人は、他者が自分の期待通りに動かないと不満に思います。

しかし、他の人が自分が期待するように動かないからといって腹を立てる理由にはなりません。**もしも自分が他の人の期待を満たすために生きたくないのなら、同じ権利を他の人にも認めなければなりません。**

才能を活かして他者に貢献する

他者に協力しようと思えるためには、ただ自分の居場所が共同体の中にあると考えるだけでなく、共同体の中で自分が果たすべき役割があると考えなければなりません。その役割は人によって違いますが、有能な人は他の人のために自分の才能を活かすという役割を果たすことが求められます。

才能という言葉を使いましたが、有能な人とそうでない人がいるのではなく、「適切な教育を受け、そして努力すれば誰もが何でも成し遂げることができる」というのが、アドラーの、そして私の考えであることはこれまでも見てきた通りです。

努力して身につけた力をただ自分のために使うことしか考えていない人は、個人的な優越性を追求し、優秀であることを他の人に認められることで満足しようとします。

アドラーが言う個人的な優越性は、ただ自分の問題として優越性を追求することではありません。他の同級生に負けたくないという気持ちも入ってくるので、対人関係的な要因もあります。

たとえば、絶対に東大に入りたい、絶対に医師になると言う人がいます。別に東京大学でなくてもいいと私は思うのですが、東大卒という学歴がほしいため、何度も試験に挑戦し続ける人もいます。そのような人にとって大事なのは、実力ではなく学歴でしかありません。

有名な大学を出たということにしか価値を見出せない人は、同級生に勝ちたいと思って個人的な優越性の追求をしますが、そのような人の努力やエネルギーの方向を変える必要があります。

自分にしか関心がない人は自分の努力が報われないとわかったら、困難な課題に直面したときに努力するのをやめてしまいます。しかし、他の人に関心を持ち他の人に貢献しようと思う人は、課題がどれほど困難であっても努力するのをやめようとしないでしょう。

このような努力は、自分を犠牲にして他者のために尽くすように聞こえるかもしれませんが、決してそうではありません。

受験勉強をして、ただ大学で医師の資格を取ることを勉強の目的にしても、学ぶ意欲は長続きしません。医師になって成功を収めるというのではなく、病気の人を助けたいというような動機がなければ、医師の仕事を続けることは難しいでしょう。

父が認知症を患い、私が介護していたときに往診をしてもらっていた医師は、求められれば深夜でも休みの日でも往診に駆けつけていました。しかし、そんな生活を送っていても、悲壮感はなく、むしろ楽しそうに見えました。仕事へのこのような姿勢は、他者への貢献を喜びに感じているからこそ可能です。

中高一貫校に入学した生徒の多くが入学早々、高校を卒業したら東大に行くか京大に行くか医学部に入るかという話をしていると聞いたことがあります。ある学校は医学部に学年の三分の一くらいが進学します。医師になる人がいなくなると困るのは本当ですが、成績がいいからといって皆が医師になる必要はありません。医師になって何をするかを考えず、とにかく医学部に入る人は、才能を持っていても自分のためにしか使っていないように見えます。

成功したいだけであれば、苦しくなれば勉強するのをやめるかもしれませんが、医師になって病気の人を助けたいと思う人であれば、苦しくても勉強をやめることはないでしょう。

また、医師になってからも勉強しなければなりません。医学は日進月歩であり、患者の命を救うためには、不断の勉強が必要です。その勉強が、他者との競争に勝つためだけであれば、苦しいものになりますが、患者の生命を救うために勉強することを苦しいとは感じないでしょう。

患者の生命を救うことは時に容易なことではありませんが、それができたときに貢献感を持つことができます。そのような貢献感を持つことができれば、自分に価値があると思えます。ただし、貢献感を持つために、医師になるというのは間違いです。

虚栄心がある人にとっては、仕事はつらいものになります。自分をよく見せようとするけれども、実際に十分な能力がなければ他者の期待を満たすことができないので、焦燥し、いつまでも自信を持てません。

競争することの弊害について何度も述べてきましたが、他者に貢献していると感じることができれば、他者と自分を比べ、他者との競争に勝とうと思う必要がなくなります。自信が持てれば、焦燥感もなくなるでしょう。

生きていることで貢献できる

貢献するということについて考えましたが、特別でなければ貢献できないわけではないことは強調しておかなければなりません。何かを成し遂げることで貢献できる人はいますが、貢献の仕方は人によって違います。

若い人であれば能力が顕著に衰えることはありませんが、病気や怪我で身体を動かせなくなることは誰にでも起こりえます。それでも、身体を自由に動かせなくなったり、仕事ができなくなったりしたからといって、自分の価値がなくなるわけでも、他者に貢献できなくなるわけでもありません。

チェロ奏者のジャクリーヌ・デュ・プレが多発性硬化症に倒れたのは二十八歳のときでした。あるコンサートの日、突如として腕と指の感覚を失ってしまったのです。長い闘病生活の後に四十二歳で亡くなりました。

この若すぎる晩年をデュ・プレは悲運によって打ちのめされて生きたわけではありませんでした。発病後はチェロ奏者としてかつてのような活動はできなくなりましたが、打楽器奏者として舞台に立ったこともありますし、プロコフィエフの『ピーターと狼』の朗読を務めたこともあります。可能な限り舞台に立ち続けたのです。

特殊な事例に見えるかもしれませんが、自分が望む道を歩むことが叶わなかった経験をした人は少なくないでしょう。研究者を目指して努力しても、研究室は限られているので企業に就職する人や、プロのスポーツ選手になることを目指していたのに、怪我をして夢を果たせなかった人もいます。しかし、そうであっても、目指していた道とは違っても、どこでもできることはあります。

この道しかないと固執しなくていいのです。

何があっても変わらない「自分」があります。身体を自由に動かせること、仕事ができることは人の属性ですが、属性は、先にも見たように、「人に属するもの」であって、その人自身ではありません。帽子を脱いだり別の帽子を被ったりしても、人が変わるわけではありません。

人は何かをする、しないとは関係なく、存在すること、生きていることに価値があります。**存在の次元でそのままでいい**ということです。

仕事で他の人に貢献してきた人が、病気や高齢のために何もできなくなったら、その人の価値はなくなるかといえば、そうではありません。ただ仕事で貢献しなくなっただけです。

今の時代、何かをしなければ価値がないと思う人は多いように見えます。自分だけはいつまでも仕事ができると思っているからか、仕事ができない人はもはや生きる価値はないと見なす人もいます。しかし、そのような人でも、幼い子どもは働いていなくても、何もできなくても生きているだけで周りの人に喜びを与えていることを知っているでしょう。高齢の親が働いていないからといって生きる価値はないなどとは思わないでしょう。

何かができることに価値を見出してきた人は、意識しなければ「生きているだけで貢献している」と思うのは難しいかもしれません。しかしたとえば、家族や親しい友人が病気や事故などで入院するというようなことがあったときに、状態がよくなくても、とにもかくにも生きていてよかったと思えるとしたら、自分も同じだと考えていいのです。誰も仕事ができなくなったから価値がないなどとは思わないでしょう。

これまで劣等感について考えてきましたが、自分が劣っていると感じる理由の一つは、行為によって貢献できていないと思うことにあります。しかし、生きていることは他の人と比べることはできません。どんなふうに生きていても、存在している、生きているだけで他の人に貢献でき、そのままで価値があると考えたいのです。

存在すること、生きていることが他者に貢献するというのは、ただ同じ空間を共有するだけでも人は互いに影響を与え合うという意味も含まれます。人は他者をまったく意識せずに生きることはできません。日常生活の中で、意識的にも無意識的にも他者の存在から影響を受けないわけにいきません。

たとえば、満員電車の中では、通常の生活では考えられないほど他の人と密接するので、他者に対して無関心であることを示そうと、窓の外を見たり、スマートフォンの画面に集中したりします。また、乗客が少なく席がいくらでも空いているのに隣に誰かがすわると、圧迫感を覚えることもあります。このような状況は、人が物理的に同じ空間を共有するだけで互いに影響を与え合うことを示しています。

職場や家庭といった日常的な共同体でも同じです。一人の不機嫌な人が場の雰囲気を緊張させる一方で、明るくポジティブな人がいれば場全体が和らぎます。その人が特別な行動を取らなくても、ただそこに存在しているだけで、他者や集団に対して貢献しているといえるのです。

このように、存在そのものが周囲に影響を与えるというのは、非言語的なレベルでの相互作用の一例です。人の存在感や行動は、その人が発する雰囲気やエネルギーとして他者に影響を及ぼし、場の空気を形作る一因となります。言葉や行動がなくても、人はただその場にいることで共同体の中で役割を果たし、他者に貢献できるのです。

人生で大事なこと

他の人と競争して生きることを余儀なくされている人でも、競争社会を変えられないとしても、自分は競争しないと決心することはできます。競争に勝つことばかり考えている人は勉強でも仕事でも勝敗に執着するでしょうが、勝ち負けには意味がありません。仕事は評価されますが、高い評価を得られなかったからといって、負けたわけではないのです。

競争することに意味がないのは、人生において本当に大切なことは、他の人との競争に勝って成功することではないからです。人生において何が大切なのかということを一度も考えたことがない人はいないと思うのですが、順風満帆な人生を送ってきた人の中には、あえてその問いに目を向けないようにしている人もいるかもしれません。

いつか私が原稿の中に、「夜中に心臓の高鳴りを覚え目を覚ましたときに、自分が死に近いところにいたと思ったというような経験をしたことがない人はいないだろう」と書いたら、「私はない」と編集者が校正紙に鉛筆で書き込んでいるのを読んで驚いたことがあります。

その編集者は仕事では成功を収めてきた人でしたが、「成功を積み重ねる中で、人生には成功より大事なものがあるのではないかと、一度も考えたことがなかったのだろうか。いや、そう考えたことはあったかもしれないが、そのような考えが頭をもたげたときに、そんなことを考えてはいけないとすぐに考えを振り払ってしまったのではないか」そう想像しました。

あるテレビ番組で、七十代の男性がインタビューに答えているのを見たことがあります。その人は最近妻を亡くしたばかりで、「本当は仕事なんかどうでもよかったんだ」と語っていました。働かないと生きていけませんが、妻を亡くして、働くことよりも大事なことがあると気づいたのでしょう。

この人も若いときから折に触れて人生の意味を考えてきたかもしれませんが、**多忙な生活の中で、何が自分にとって本当に大事なのかという問いをいわば封印してきたのではないか**と思います。なぜ封印するかというと、一生懸命働いてきた人でも、「今のように生きていていいのか」と思うと、憑き物が落ちたかのように仕事をする気力を失い、生きる気力までなくなってしまうかもしれないと恐れるからです。

仕事で成功することを人生の目標にしてきた人でも、この人の話を聞くと、自分もまた仕事ばかりに気を取られて、大事なことを見失ってきたのではないかと思うのではないでしょうか。

カウンセリングに訪れる若い人に、人生において何が大切かという話をすると、抵抗感なく受け入れることが多いです。カウンセリングにくる人で、人生で成功してきたという人は少なく、何らかの挫折経験があり、そのため早い時期に人生の真理に出会えたのだと思います。もっとも、どう生きればいいのかわかっているわけではないので、その後ゆっくりと話すことになりますが、彼らが私の話を受け入れられたのは、失うものを持っていなかったからです。

他方、高学歴で成功も収めてきた人は、私の話を聞いても、内容をよく理解しても受け入れられないことが多いです。受け入れたくないというのが本当かもしれません。もしも受け入れてしまうと、一体これまでの人生は何だったのかという思いに囚われるからかもしれません。

もちろん、これまでの人生で成し遂げてきたことに意味がなかったと言っているのではありません。しかし、それによって他の人に貢献したことにこそ意味があったのです。仕事では貢献することがなくなったからといって、自分の価値がなくなるわけではありません。そう思えるためには、仕事ではなく貢献に注目しなければなりません。

たとえ貢献の仕方が変わったとしても、生きているだけで貢献していると思えれば、仕事ができない自分には価値がないと思うことはなくなるでしょう。

幸福に生きる

人生で大切なことは競争でも成功でもなく、端的にいえば、幸福です。

五月の連休を待たないで入社早々辞める決心をした若い人がいました。なぜ辞めたのかとたずねたら、飛び込みの営業をさせられて、契約が取れなかったことをあげました。それまでの人生で秀才だった彼は一度も挫折経験がなかったのでしょう。仕事での初めての失敗に大きなショックを受けていました。

しかし、彼はそのことだけが辞める決心をした理由ではないと、続けてこう話しました。「上司を見ていても、少しも幸福に見えなかった」と。この会社で働けば給料はよく、若くしてマイホームが建てられるだろう。でも、過労死するかもしれない。そうなれば、元も子もないではないか。働かなければ生きていくことはできないが、働くために生きているのではない。働いていても幸福だとは感じられないとしたら、働く意味はない――。

そう彼は考えました。もしも上司が働いている様子を見たときに、幸福に見えていれば辞める決心をしなかったかもしれません。

このとき、彼は直感的に上司は幸福ではないと感じただけだったのかもしれませんが、本書をここまで読んできた人は、なぜそう感じたのかわかるでしょう。彼の上司は、競争に勝って成功することばかりを考え、常に緊張していたのです。

それでは、どうすれば幸福に生きることができるのでしょうか。

まず、競争から降りることです。多くの人は、親を始めとする大人から競争に勝つことを教えられても、競争に負けたときにどうすればいいかを教えられていません。

競争に負けたことがない人ほど、もし負けるようなことがあれば、次は頑張れと叱咤激励されても、立ち直れないことがあります。競争に負けたら自分にはもはや価値はないと思うからですが、**競争に勝っても負けても自分の価値はいささかも損なわれることはありません。**このことを知れば、緊張して生きる必要はなくなり、幸福に生きられるようになります。

人生には、競争に勝つことよりもずっと困難な課題があります。子どもの頃から受験勉強に励み、難関の試験に合格した人でも、その後、試験以上の努力を必要とする仕事に直面します。さらに、仕事では成功しても対人関係の問題にぶつかることもあります。また、子どもが親の目から見て問題と見える行動をしたり、パートナーとの関係が悪化したりすることがあるかもしれません。

そのようなことが起きれば、それまで順風満帆だと思っていた人生の先が見えなくなります。

そのようなときにこそ、困難を切り抜ける力を持たなければなりません。そのような力を持つためにも、人生を競争と捉えてはいけません。

競争するのでなく、他者に協力することが、幸福に生きるための鍵になります。他者に協力すれば貢献感を持てます。この貢献感によって得られる自信は、他者との競争に勝つことでしか得られない、競争に負けるとたちまち失われるような自信とは違い、揺るぎないものになります。

自信のある人は焦らない

ここまで見てきたことから、どう生きていくか方向性が少しでも見えてきたのならいいのですが、どうでしょう。

特別になること、成功することを求める大人の話をしましたが、何にもならなくても、成功もしなくても、**今こうして生きている瞬間、リラックスし、日々を丁寧に生きていくしかない**と、私は考えています。

持つべき自信と持つべきでない自信があります。本当に有能な人は、自分が有能であることを誇示しません。自信があるとも言わないでしょう。ただ、しかるべき努力をした上で課題に立ち向かうだけです。自慢したくなるような自信は持つべきでない自信、あるいは健全ではない自信です。自慢とは、意識が他者に向いているときにしたくなる行為だからです。

それでは、健全な自信とはどのようなものなのでしょうか。アドラーは次のように言っています。

「自信があり、人生の課題と対決するまでになった人は焦ったりしない」(『生きる意味を求めて』)

自信がある人は課題が困難でも、逃げ出したりしません。不安や言い訳を持ち込むことなく、人生の課題に向き合います。それが健全な自信です。

健全な自信を持っている人は、背伸びをせず、自分をよく見せようともしません。今の自分から始め、必要な努力を重ねながら、自分の人生の課題に向き合います。

また、そのような人は、自分についての評価と自分の価値は別物であることを知っています。たとえ上司から「お前は駄目だ」と言われても、それは上司から見た自分についての評価に過ぎず、その評価が必ずしも正しいわけではないので、何を言われても落ち込んだりせず、失敗しても、他の人の評価を気にしないで再起に向けて努力を続けることができるのです。

普通の人であること

この本を書き始めたとき、これまでの私の人生を振り返ると、特別であろうとしながらも特別になれず、その思いをずっと引きずって生きてきたことに思い当たりました。特別であろうとしたのは、今のありのままの自分——普通である自分——を受け入れることができなかったからです。

自分をよく見せようとしないで普通に生きるとはどんなことなのかと考えたとき、ここまで何度も引用したアドラーについて語られる次のような話を思い出しました。

アドラーの友人で作家のフィリス・ボトムは、アドラーに会う前「ソクラテスのような天才」を期待していました（エドワード・ホフマン『アドラーの生涯』）。しかし、実際に会ったアドラーは、特別なことを何も語らなかったので、そのことに深く失望しました。

後にアドラーが戦争について語るのを聞いたとき、ボトムはもはや普通の人とは思わなくなったというのですが、ボトムが期待していたのは、カリスマ性のある人物だったのでしょう。

アドラーの思想は、特別のものだという印象を与えませんでした。アドラーの講演を聞いた人が「今日の話はどれも当たり前の話（コモンセンス）ではないか」と言ったという話が伝えられています。しかし、**当たり前の話のように思えても、その話が聞いた人の人生を一変させることがあります。**出会ったときは響かなくても、後に何かで困ったときに意味を持つこともあるのです。

いつかアドラーが講演をしたときの逸話もあります。講演開始の時間が近づいても、アドラーが姿を見せないので、主催者がやきもきしていたところ、実はアドラーはずいぶん前から会場にきていたのに、誰も気づかなかったというのです。これもまた、アドラーの人柄を物語るエピソードです。

ボトムが名前をあげたソクラテスも、口を開かなければどこにでもいそうなおじいさんに見えたかもしれませんが、舌鋒鋭く相手を論破するというふうにではなく、専門用語を使わず日常の言葉で語る彼の言葉は人々の心に深く響きました。

これらのエピソードからわかるのは、真に優れた人は、自分を特別視したり、他者に優越しようとしたりする必要を感じていないということです。アドラーは、自分の姿を飾らず、ただ目の前の課題に全力で向き合うことを示しました。そして、その普通に見える姿が、実は多くの人に勇気を与え、救いをもたらしたのです。

あなたも特別である必要はありません。カリスマ性を誇示する必要も、華美に装う必要もありません。ただ、あなた自身の課題に真摯に向き合うこと。それこそが、他者に影響を与え、貢献し、やがてあなた自身の人生を豊かにするのです。

参考文献

Adler, Alfred. *Adler Speaks*, Mark H. Stone and Karen A. Drescher eds., iUniverse, Inc., 2004.

Adler, Alfred. "Schwer erziehbare Kinder", In Alfred Adler. *Psychotherapie und Erziehung Band I*, Fischer Taschenbuch Verlag, 1982.

Fromm, Erich. *Man for Himself*, Open Road Media, 2013.

Manaster, Guy J et al. eds., *Alfred Adler: As We Remember Him*, North American Society of Adlerian Psychology, 1977.

Rilke, Rainer Maria. *Briefe an einen jungen Dichter*, Insel Verlag, 1975.

芥川竜之介『蜘蛛の糸・杜子春・トロッコ他十七篇』岩波書店、一九九〇年

アドラー、アルフレッド『生きる意味を求めて』岸見一郎訳、アルテ、二〇〇八年

アドラー、アルフレッド『教育困難な子どもたち』岸見一郎訳、アルテ、二〇〇八年

アドラー、アルフレッド『性格の心理学』岸見一郎訳、アルテ、二〇〇九年

アドラー、アルフレッド『個人心理学講義』岸見一郎訳、アルテ、二〇一二年
アドラー、アルフレッド『子どものライフスタイル』岸見一郎訳、アルテ、二〇一三年
アドラー、アルフレッド『子どもの教育』岸見一郎訳、アルテ、二〇一四年
アドラー、アルフレッド『人はなぜ神経症になるのか』岸見一郎訳、アルテ、二〇一四年
アドラー、アルフレッド『人生の意味の心理学』岸見一郎訳、アルテ、二〇二一年
イソップ『イソップ寓話集』、中務哲郎訳、岩波書店、一九九九年
梅原猛『笑いの構造』角川書店、一九七二年
岸見一郎『幸福の哲学』講談社、二〇一七年
岸見一郎『怒る勇気』河出書房新社、二〇二一年
岸見一郎『不安の哲学』祥伝社、二〇二一年
岸見一郎『つながらない覚悟』ＰＨＰ研究所、二〇二三年
岸見一郎『アドラーに学ぶ　人はなぜ働くのか』ＫＫベストセラーズ、二〇二四年
岸見一郎『妬まずに生きる』祥伝社、二〇二四年
ギトン、ジャン『私の哲学的遺言』二川佳巳訳、新評論、一九九九年

鶴見俊輔『大人になるって何？　鶴見俊輔と中学生たち』晶文社、二〇〇二年
ヘーゲル『法の哲学』藤野渉、赤沢正敏訳、中央公論新社、二〇〇一年
ホフマン、エドワード『アドラーの生涯』岸見一郎訳、金子書房、二〇〇五年
三木清『人生論ノート』新潮社、一九五四年
三木清「語られざる哲学」(『三木清全集』第十八巻、岩波書店、一九六八年所収)
三木清「シェストフ的不安について」(『三木清全集』第十一巻、岩波書店、一九六七年所収)
湯川秀樹『旅人』KADOKAWA、二〇一一年

[著者]
岸見一郎（きしみ・いちろう）

1956年生まれ。哲学者。京都大学大学院文学研究科博士課程満期退学（西洋哲学史専攻）。奈良女子大学文学部非常勤講師などを歴任。専門のギリシア哲学研究と並行してアドラー心理学を研究。著書に、ベストセラー『嫌われる勇気』（古賀史健との共著、ダイヤモンド社）のほか、『アドラー心理学入門』（KKベストセラーズ）、『幸福の哲学』（講談社）、『つながらない覚悟』（PHP研究所）、『妬まずに生きる』（祥伝社）などがある。

「普通」につけるくすり

2025年4月20日　初版印刷
2025年5月1日　初版発行

著　者　岸見一郎
発行人　黒川精一
発行所　株式会社サンマーク出版
〒169-0074 東京都新宿区北新宿2-21-1
☎03-5348-7800（代表）

印　刷　三松堂株式会社
製　本　株式会社若林製本工場

ISBN978-4-7631-4221-4　C0030
ホームページ　https://www.sunmark.co.jp